習慣會出賣你

從司空見慣的動作裡透視人心

目錄

CHAPTER 1

控制與防備，看手就知道

CHAPTER 2 習慣會出賣你，潛意識所透露出的訊號

目錄

CHAPTER 4

餐桌上流露的真性情

目錄

CHAPTER 5
從消費習慣看人生態度

Chapter 1

控制與防備，看手就知道

對方是否喜歡你，握手見分曉

握手是在相見、離別、恭賀、或致謝時相互表示情誼、致意的一種禮節，雙方往往是先打招呼，後握手致意。

據說，握手最早發生在人類「刀耕火種」的年代。那時人們手上經常拿著石塊或棍棒等武器。他們遇見陌生人時，如果大家都無惡意，就要放下手中的東西，並伸開手掌，讓對方撫摸手掌心，表示手中沒有藏武器。這種習慣逐漸演變成今天的「握手」禮節。而現在，握手已經逐漸演變為人們用來維繫業務關係的一種溝通方法。但就是這樣一個小小的握手禮，其中卻暗藏著不少玄機。

莫里斯與女友在餐館用餐時，遇到了女友的前任情人比爾。女友尷尬地

CHAPTER 1

控制與防備，看手就知道

為兩人介紹，莫里斯與比爾握手致意。兩隻手緊緊地握在一起，莫里斯感覺到對方的力度越來越大，並且扳著他的手，想讓自己的手心朝下。莫里斯暗想：「這可真是個厲害人物。」

從上面的例子來看，簡單的握手動作就可以接受到對方傳遞過來的信號：他是否喜歡你？是不是心理很強勢，想打壓你？比如比爾與莫里斯握手時將手掌翻轉，使自己的手心朝下，就給對方製造出一種強勢的感覺，這種不喜歡是不加掩飾的。

這種淩駕於人的握手方式並不少見，專家曾對三百五十位高級行政主管開展了一項關於握手的調查研究，這群研究對象八十九%為男性。結果顯示，在各種面對面的會談中，八十八%的男性主管和三十一%的女性主管在握手時都會採用這種能夠製造強勢效果的握手方法。而且這種握手的力度也會相對較大，甚至會令對方有輕微疼痛感。

通常情況下，握手只是人們見面時表示問候，離別時表示再見的一種禮儀。但是，你可以從握手這一細節動作上預見對方是否喜歡你，瞭解他想表達控制還是順從的意思，瞭解他的個性特點。一般來說，性格溫和、內向的人在與人握手時通常會採取順從的姿勢，這也表示他比較崇敬你。而性格外向、脾氣火暴、霸道的人與人握手時，通常會採取控制性的握手姿勢，這表示他不是十分喜歡你，或者是想讓你感受到他對你的震懾力。有趣的是，當兩個性格溫和、彼此有好感的人握手時，他們通常會表現得溫文爾雅、謙卑有禮。如此一來，雙方便形成了一種平等、融洽的關係。

一般來說，初次見面的雙方握手致意，透過這一動作，你可以感受到對方傳遞過來的一些微小的信號，這些信號可能是無心，也可能是有意。而你也可以因此構建對對方的初步評價。一般來說會有這樣三種評價：一是認為對方很強勢，覺得對方並不喜歡你，他甚至想控制你；或者覺得對方比較弱勢，你認為自己可以掌控對方；或者感受到彼此的平等地位，能夠感受到對方很喜歡你，你也覺得和他在一起很舒服。

CHAPTER 1

控制與防備，看手就知道

著名的盲人作家海倫．凱勒曾經這樣寫道：「我接觸過的手，雖然無聲，卻極有表現性。我握著他們冷冰冰的指尖，就像和凜冽的北風握手一樣。也有些人的手充滿了陽光，他們握住你的手，使你感到溫暖。」海倫．凱勒雖然無法用眼睛觀察到對方，但她的觸感是極其敏銳的，她關於握手的描寫也極其精彩地展現了握手能帶給人的不同感覺。可以說，要知道對方是否喜歡你，握手便知分曉。

不停敲桌子，是因為有話要說

你是否有這樣的經歷，當你和同事爭論某個問題的時候，他會不停地敲桌子，然後說，靜一下，聽我說兩句。是的，他不停地敲桌子，是因為有話要說；如果你是一個會議的發言人，當你在滔滔不絕的時候發現有的與會者在不經意地以指尖輕敲桌子。那麼你千萬不要覺得對方是在向你表達贊同或者恭維，這表明他在思考，他在等待發言。當你在進行業務解說，發現客戶有這個動作的時，你就該考慮停下來，把話語權交給他，以免客戶不耐煩。

傳播學家研究發現，手上的小動作往往比有聲語言更能傳達出說話者的心意，因為作為一種可視的溝通形式，它比語言傳遞得更遠，而且不會受到那些有時會打斷或淹沒話語的噪音干擾。所以，有時候，手勢是一種獨立而有效的特殊語言，它能傳遞一些我們熟悉的訊息。比如，拍手表示激動或贊成，而把小指和拇指放在耳朵邊上表示需要打電話；大拇指朝上表示贊同或欽佩，大拇指朝下則表示不贊同或鄙視對方；伸手表示想要東西，手背在後面表示不想給予。

除此敲桌子之外，還有一些不自覺的小動作，也能暴露行為動作者內心的真實狀況：

1、不停摸耳朵

如果他人在和你交談的過程中，對方頻繁地摸耳朵或拉耳垂，這表明他厭倦了你的滔滔不絕。他做這個動作是想告訴你，他很想開口談談自己的意見。

2、把玩手腕或手腕上的物品

如果你正在和他人交談，發現他正在把玩手腕或手腕上的物品，這表明對方內心充滿猶豫，他正在考慮訴說他內心的想法，這表明他內心很掙扎，有話要說。

3、微張嘴唇

如果和你交談的人，幾次三番的微動嘴唇，卻沒有發出聲音，這表明他有話要說。他內心很想表達自己的想法，所以自然張嘴欲言。可是出於禮貌，他沒有打斷你的話。

4、用手指或手上的東西做畫線動作

如果你正和他人交談，發現他用手指或利用手上的東西在桌上做畫線動作，這表明他有話想說可是又不能打斷你，他不停的動作表明他很焦急。此時你還不停止滔滔不絕，他的額頭甚至會出現汗珠，手上動作的頻率會更快。

手勢裡蘊涵大量的資訊，是隨著說話者所表達的內容、具體的環境，以及在某種感情的支配下，自然而然地流露出來的。因此，在某種程度上來說，手勢是人的第二張面孔，傳達著豐富多彩的資訊。

搭你肩膀的人，喜歡當老大

在人類發明車子以前，肩膀擔任著負重運輸的重任，直到今天，肩膀也是最常用的負重工具之一，早年的商販、勞役、挑夫等勞動者，都是以肩挑著貨物兜售、運輸，以此為生。因此，肩膀被視為責任、負擔和力量的象徵。

拍肩搭背的動作可以給對方打氣，彷彿透過肩膀傳遞了力量，但是有事沒事總喜歡搭別人肩膀，則是喜歡當老大的表現，有這種習慣的人多半比較以自我為中心，雖然看似想和你做朋友，心裡卻希望你臣服於他們。

一位心理學家就曾在法國進行了一個有趣實驗，找幾個有型男士，走訪不同的旅遊勝地，與百餘位女性搭訕。實驗結果顯示，被俊男輕輕搭過肩膀的女性當中，有高達六十五％的人同意與俊男共舞。而與俊男沒有任何身體

習慣會出賣你

從司空見慣的動作裡透視人心

接觸的女性當中，就只有四十三％同意跳舞。

專家研究發現，在男士追求心儀的女性的時候，搭肩膀比眼神交流、語言調情、用手指輕撩對方的掌心更容易點燃愛的火花。

能夠手搭肩膀的男士往往比較自信，喜歡當老大，更能顯現出男士魅力。而肩膀被男士輕觸的女性，會更傾向於臣服男人的魅力之下。

為什麼搭肩膀能產生這種效果呢？我們來看看肩膀本身所傳達的語言資訊。一般的身體語言研究認為，肩部的動作，能夠表達威嚴、攻擊、安心、膽怯、防衛等意思。因為肩部上下活動比較自由，因此能縮小或擴大勢力範圍，同時這些動作也易引起他人注目。

向後縮的肩膀表示因積壓的不平、不滿而引起的憤怒；聳肩表示不安、恐怖；使勁張開兩手的肩膀代表責任感的強烈；向前挺出的肩膀代表責任重大引起的精神負擔等。

中國古代武將的穿戴盔甲，現代軍人佩戴肩章，就是在有意強調肩部，以示威嚴。男人的西裝，在肩部填入墊肩，使肩膀看起來較寬，跟故意使雙肩聳起的行為同樣屬於男性的信號。肩部可以視為象徵男性尊嚴的部位。所以，習慣搭你肩膀的人往往喜歡成為老大，他們習慣發號施令，喜歡「照顧」弱勢的群體。

從對方碰觸你的方式和位置看他的心態

一般來說，當你與他人交談時，對方碰觸你的方式和碰觸你的位置不同，會呈現出不同的心態。通常碰觸點越往上，表示對方越喜歡自己佔有一定的優勢地位。因此，我們可以根據對方碰觸你的位置來觀察、分析他人的潛藏心態。

1、碰觸前額以上的部位

我們經常可以看到媽媽輕撫孩子的頭頂、輕拍後腦、摸摸額頭等等，做這些碰觸通常都是表示安慰、愛撫、鼓勵或者激勵。因此，在生活中能對你做這些動作的多半都是長者，他們喜歡以老師自居，覺得自己社會經驗豐富可以幫助你，這些均是一種信任的表達。

2、碰觸胳膊或拉手

碰觸你胳膊或拉你手的人，往往比較內向，骨子裡有退縮的成分。但是他們希望與你有更多的交流，於是會透過蜻蜓點水的碰觸來表達友好。

3、碰觸腰部

這種碰觸方式除了在情侶之間外是比較少見的。有些人可能在某些突發狀況來臨時，扶住你的腰部，這多半出於一種保護的心態。

還有一些令人迷惑的地方，朋友之間就會經常有勾肩搭背的動作，為什麼感覺不到不適呢？這是因為他們對朋友敞開心扉、不設防。這樣的接觸是他們下意識地把熟識的人的這一表現，看成是朋友間的友好表示，他們只是感覺關係更近了一步。

摸袖口，表示對方的心理開始動搖

如果你做過業務或銷售人員，你會有這樣的體會：當你的客戶開始摸袖口，你會在心裡喊：「嘿！我快成功了。」這時你往往會選擇停止說服，留一點空檔給客戶思考。因為你清楚，當談話對象開始摸袖口，這表示他的心理開始動搖了，他基本已經認可你的談話內容了。

一般來說，如果你是個有經驗的銷售員，一定不會一直喋喋不休，你會留心觀察談話對象的肢體語言，這既可以避免引起別人反感，又可以歸納出客戶被勸服的信號，進而達到談成業務、賣出產品的目的。當然，在生活中，銷售員的技巧是放之四海皆準的，我們可以從下面這些身體語言中，挖掘出對方心理開始動搖的信號。

CHAPTER 1

控制與防備，看手就知道

1、摸袖口，撥鈕扣

如果你發現，和你交談的對象，開始出現摸袖口、摸鈕扣的動作並伴有若有所思的表情，這基本可以確定對方已經卸下防衛，他的心理開始動搖了。一般情況是，對方坐在你面前，手肘靠在桌上，或是將手臂放在椅子上，再用另一隻手的手指輕摸袖口和鈕扣。這表明他在考慮你所說的話，這種姿勢是在告訴你，「你說得好像蠻有道理呢，我再想想……」如果遇到這樣的情況，你可以採取下一步的措施了。不過，你需要注意的是對方手上的動作是否緩慢輕柔，如果是頻繁動作，伴著焦躁的神情，你就要考慮對方是不是不耐煩了。

2、手心向上，拿筆等待

當你的交談對象很自然的拿起了筆，像是等待記什麼東西的時候，如果你注意觀察，他的手通常是手心向上的。或者是他手邊沒有筆，可是身體語言也不自覺地流露出這樣的拿筆動作，這就表示你的話產生了作用，他的心理開始動搖，對你也沒有戒備了。

3、露出前頸，微張嘴巴

頸部是人類比較錯脆弱的地方，也是人類最容易受到攻擊的部位，所以人在潛意識裡都有保護頸部的欲望。

如果你發現，和你交談的人在不知不覺的狀態下露出了前頸，並伴有微張嘴巴的身體動作，你就該明白他這是心理開始動搖的標誌，也是對你示好的表示。他認為你安全、可靠、值得信任。

4、模仿你的動作

你做了一個手勢，他也跟著你做了同一手勢，這是他在模仿你。當對方開始有意無意模仿你的動作時，表示你對他有一定的影響力，他對你甚至有些崇拜和敬重，你的話更是在他的心海裡蕩起了漣漪。

5、和緩點頭

這種點頭，不是指點頭如雞啄米似地快速點頭，而是和緩自然的，這是表示贊許、信任、內心契合的點頭。通常，他會選擇在你一句話未結束時就開始和緩地點頭，並伴有嘴角微微上揚的表情。這就表示你已經掌握了他的需要，你的話已經起了作用。

如果你想嗅出更多對方散發出來的動搖味道，你就需要讀懂他們的身體暗語。

握緊拳頭的人，打從心裡討厭你

著名的人際關係大師亞倫皮斯在幼年時已經學會了一套察言觀色的本領。他曾經上門推銷橡膠海綿，並且知道當對方的手心展開時，他就可以繼續他的推銷活動。而如果對方雖然表面上和氣，而手卻握緊了拳頭，他就要馬上離開，免得浪費時間。

握緊拳頭是指在交談的過程中，對方兩手握拳的時間較長。最常見的是兩手握拳於身後呈叉腰狀，或者雙手抱胸兩手緊握而不是像平時那樣兩手掌張開，也有時是兩手握拳，撐在下頷處。

握緊拳頭是心理學上的武裝姿勢，美國心理學布萊德曼經過研究證實，在很多情況下，一個人做出此種手勢其實並不代表著他非常自信，與之相反，它代表此人正處於一種焦慮、緊張，或者是失望、悲觀的情緒之中。例如，當一個人將雙臂環抱於胸前時，還加上了雙拳緊握這個細節動作，這一動作代表強烈的敵意。

如果有人在和你交談的過程中，握緊拳頭，我們可以推斷出，他心裡不是很喜歡你。這樣的人有著明顯的防禦意識，同時你也可感受到對方的敵意。緊握的雙拳是他在極力克制自己的情緒。

你也可以從他的其他身體語言上看出這一點，比如眉頭緊皺，甚至還有脖子上青筋迸發的現象。如果此時你激怒他，他會由這種顯示敵意的狀態真正轉變為敵意爆發的狀態。

只要懂得觀察，你的確可以從對方手掌的姿勢，看出他們對你這個人的看法。

1、手掌向上自然平展的人，對你有好感

你和朋友聊天時，經常可以看到，他靠在桌子上，掌心向上，一隻手可

能還夾著菸。這表示對方對你頗具好感，想和你更親近。手掌向上自然平展是身心放鬆的表現，只有對你沒有戒備，才會展現這類手勢。

2、手掌向下自然平展的人，對你還有戒備

平展的雙手通常會放在椅子扶手上、大腿上，有時候還會放在面頰上。這表明他極力想對你示好，但心理還有戒備，不過這種手勢很普遍，大致上對你還是有好感的。

3、雙手攤平合十的人，對你很抗拒

這是我們大家熟悉的祈禱手勢，好像拜拜一樣，有人用這來表示拜託、請求。如果我們遇到這樣的人，基本可以斷定，這人是對你抗拒的，這種動作往往用在有求於人的時候，雖然嘴上要求，但心裡往往是抗拒的。

另外，在某些特殊情況下，一些人有了握拳的動作，其實並不是討厭你，例如有些人在內心焦慮或緊張不安的時候，也會做出握拳的動作，這是一種對自己負面情緒的安慰，是一種心態的特殊反映，所以我們應該區分看待。

頻繁撥弄頭髮，心中緊張不安

不知道你是否注意過，人們在處於緊張的狀態時總是會下意識地做出一些小動作，而這些小動作能夠洩漏出很多內心資訊。例如，你和朋友交談時，他總是不時地撥弄頭髮，這是他的大腦發出了資訊：「心慌！安撫我一下吧。」是的，就像小貓小狗感覺害怕時會舔自己的毛髮一樣。人類頻繁的撥弄頭髮，也表示心中緊張不安。

如果留心觀察兒童的身體語言，你會發現，小孩子犯錯誤被父母或老師發現之後，經常會做出這樣的動作——站在大人面前，身體不動，只是用手不停地撥弄頭髮，通常還帶著無辜的眼神，表現出十分緊張。彷彿在說「我錯了，我會不會挨打呢？」，因此，太頻繁地撥弄頭髮，不是說這個人沒有洗頭髮、頭皮很癢，而是他內心極度不安，缺乏自信，需要頻繁的撥弄頭髮來掩飾心中的不安和不確定感。對這樣的動作最常見的解釋是當事人感到疑惑、不安、甚至有點焦躁。

細心觀察，在人們面對緊張的時候，總會透過一些小動作將情緒透漏給你。讓我們看看其他的一些體現緊張的小動作：

1、不停地清嗓子

你會發現，很多人原本嗓子沒有不舒服的感覺，可是在準備比較正式的演講前，他會不停地清嗓子。這不是怪癖，只是緊張的緣故。不安或焦慮的情緒會使喉頭有發緊的感覺，甚至發不出聲音。為了使聲音正常，他就必須清嗓子。這也是有人說的「緊張的連聲音都變了」的原因。如果你遇到說話不斷清嗓子、變聲調的人，這表示他們非常緊張、不安和焦慮。

2、狠狠掐菸或任菸自燃

抽菸有時會被認為是緩解緊張、壓力的方法。生活中，你常常可以看到這樣的動作，有人在菸沒有抽完的時候，忽然把菸熄狠狠掐滅或是把它擱在菸灰缸上任其燃燒。其實這樣動作的潛臺詞常常也是壓力、緊張、焦慮。

3、屁股底下有蟲

每個人在當學生的時候大概都被老師說過：「你能不能好好坐著？你屁股底下有蟲嗎？」當你和別人聊天時，如果發現他坐立不安，那就表明他感到有壓力或不安，但有時候無聊也會有這樣的動作。

很多動作看起來很平常，實際上也是緊張不安的表現。比如撕紙、捏皺紙張、緊握易開罐讓它變形，等等，並且你可以發現，當一個人的緊張感、不安感嚴重的時候，這樣的動作出現的機率更大。人們似乎希望藉這些動作來緩解，同時穩定情緒。

頭枕雙手，一切都在他掌握之中

高度自信的動作能夠反映大腦的高度舒適感和絕對自信。你可以嘗試下頭枕雙手這個動作，當你做這個動作時，是不是腰挺得很直？是不是有一種長高了的感覺？對，要的就是這種優越感。

這是一種坦露胸脯、表現力量的體勢。它代表著自信和無所不知，那些自我感覺高人一等，或是對某件事情的態度特別強勢、自信的人，就會經常做出這個姿勢。彷彿在對旁人表示「我知道所有的答案」，或是「一切都在我的掌控之中」。

一般情況下，頭枕雙手的姿勢經常見於管理層的職員，剛得到晉升的經理也會突然開始習慣於做這個姿勢，儘管他在被提拔之前很少做出這種姿勢。

通常是管理者在他們的下屬面前做出這個姿勢，很少見到面對自己的上級做出這個姿勢的職員。

某公司職員們發現剛剛晉升的銷售部經理突然間有了這樣一個習慣動作，當他坐在自己的椅子上時，喜歡把頭向後仰，然後用雙手枕住，使得雙臂彎曲折在腦後，形成一個類似於羽翼的形狀。於是，很多職員偷偷訕笑他越來越有官相了。

晉升以前，經理並沒有經常做出這種頭枕雙手的姿勢，但新的的地位卻讓他養成了這個習慣。由此可證明，經理對他的現狀感到滿意和舒適，他感覺一切都在他的掌握之中。

頭枕雙手的姿勢不僅可以顯示出當事人自我感覺良好，還可以表現他想要獲取支配地位的心態。研究還發現，男人更喜歡用這種身體姿勢。你和人交談的時候，如果他是採用這種姿勢的，那代表他的心裡有些高你一等的想法。通常他是想給你施壓，或者故意營造出一種輕鬆自如的假像，以此麻痺

習慣會出賣你
從司空見慣的動作裡透視人心

你的感官，讓你錯誤地產生安全感，進而在不知不覺中踏上他預先埋好的地雷。

生活中表現自信和掌控的體勢很多，例如雙手放在背後，同時雙手緊握，抬頭挺胸，下巴微微揚起，這個動作表達的含義和頭枕雙手相類似。做這個動作往往與權威、自信和力量相伴相隨。擺出此種姿勢的人是將脆弱、易受攻擊的咽喉、心臟、脾胃暴露在你的視線之下，這樣做顯示了他無所畏懼的膽魄，他有一種「一切都在我掌握」的優越感。

在生活中，只有那些有著驕傲的自信、「藝高膽大」的人才敢於做這樣頭枕雙手、倒背手緊握的動作。他們將自己的胸脯袒露給你，正是想向你表明自己的自信和力量，這樣的姿勢強化了信心、權力、權威的色彩。

擁抱自己是一種自我安慰

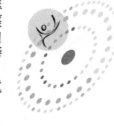

很多人在面對壓力的時候，他會將手臂交叉並反覆用雙手摩擦肩膀，就好像很冷的樣子。看到這樣的動作，我們會聯想到母親抱住孩子的情形。這是一種能產生安全感的動作，它能讓人感到平靜。

擁抱自己這一動作常見於女性，當她們沮喪、害怕的時候，常常把自己抱住，身體上的親密接觸可以消除恐懼，獲得安全感。隨著年齡的增長，成年人不能像小孩子一樣再向別人索求擁抱。這是當她們得不到親人朋友的安慰時，採取的一種自我安慰的方式。

職場新人小媛上班第一天就遭到了老闆的責罵，她沮喪地回到家裡。把自己關在臥房，雙手抱膝坐在床上，並且把頭緊緊地埋在懷裡。這樣蜷縮成一團的姿勢讓她的身型顯得格外嬌弱。

在遭受挫折或者遇到悲傷的事情時，有些人通常會採取這樣的姿勢來安慰自己。這種給自己的擁抱是對童年記憶的一種回憶，在他們的幼年時期，如果遇到難過的事情，或者處於緊張的氣氛中，他們的父母或看護人就會將他們擁進懷中，用溫馨的懷抱舒緩他們悲傷、不安的情緒。長大以後，當他們感到緊張不安的時候，他們常常會模仿長輩的動作來安慰自己。比如情境再現中的小媛就是這樣，在完全私人的場合裡，她的身體語言很明顯的表達出了她的內心獨白，此刻的她極需要一個溫暖的懷抱，就像小時候媽媽的懷抱一樣。

一般來說，我們很少能看到成年人在公開場合做出明顯的擁抱自己的動作，比如雙臂交叉，緊緊抱於胸前，或者像小媛的蜷縮懷抱姿勢，因為公開場合會讓所有的人都看到他們內心的恐懼。

如果你與女性接觸，會發現她們往往會用一種更為隱晦的方式來替換這種過於明顯的肢體語言，如單臂交叉抱於胸前的姿勢。這是一種隱晦的自我擁抱，她們只使用一隻手臂，讓它在身體前部彎曲後抓住另一隻手臂，進而在自己與你之間形成一道障礙，拒絕你靠近，看起來就好像是在擁抱自己，其實這也是給她們缺乏安全感的心靈帶來一絲安慰。

我們在車站等候處或者電梯等場合經常見到有人做出擁抱的動作，因為這些場合通常圍繞在身邊的都是陌生人。在這種情況下你會發現，女性會更容易產生強烈的不安感，她們會緊緊地擁抱自己。

另外，在參加一些社交活動或工作會議時，也常見有人做出這種動作。因為這種姿勢可以與其他人保持一定的距離，表露出動作者內心的不安與缺乏自信。

自我撫摸是為了尋求安慰

當人們處於緊張、情緒低落、遭遇挫折時，會不自覺地借助各種不同形式的自我撫摸來安慰自己，給自己打氣。例如用手抓抓頭皮、梳理一下頭髮，並撫摸後頸，女性則通常會雙手環抱著身體，用手摩挲手臂，這正是尋求被保護、進行自我安慰的典型動作。

每個人都有親密接觸的欲求，這方面女性的欲求大於男性，兒童的欲求大於成人，小孩子如果跌倒或者受到其他傷害，第一個反應就是讓媽媽抱抱，身體上的親密接觸可以消除恐懼，獲得安全感。隨著年齡的增長，成年人不能像小孩子一樣再向別人索求擁抱，人們無法隨時隨地地得到親密接觸，因而轉換成自我撫摸來滿足親密接觸的需求。

常見的自我撫摸動作有以下幾種：

1、頭部區的撫摸

比如撫摸額頭、撓撓頭皮、撫摸頭髮、用手托頭，等等。一般做出這樣動作的人，多半內心感覺無聊，孤獨、心事重重，他們做出這樣的動作，就是為了鼓勵自己或尋求安慰。

2、頸部區的撫摸

撫摸頸部的前方、後方。女性尤其喜歡撫摸頸部前方，當她們聽到使內心不安的事情時，常常不自主地用手掌蓋住自己的脖子前方靠近前胸的部位。這樣的動作很像我們小時候受到了驚嚇，媽媽用手撫摸我們的頸部區，說道：「拍拍，拍拍就不害怕了。」

3、手部的撫摸

摩挲自己的手背、吸吮手指、咬指甲等。當你發現有人出現這些下意識動作時，可以給對方適當的安慰和身體接觸。但是不能太過，輕輕拍一拍對方的肩是最適度的安慰。因為雖然做這些動作是渴求接觸的表現，但他們強烈的戒心依然會反感你過度的接觸。

4、臉部的撫摸

例如用手抹臉、輕捏臉頰，雙手捧著臉。做這樣動作的人，多在思考中，他們內心孤獨，希望透過自我撫摸獲得安慰。

5、間接自我撫摸

有些動作看起來與自我接觸扯不上關係，實際上也是一種間接的自我撫摸。比如撕紙、捏皺紙張、緊握易開罐讓它變形，等等。這種間接的自我撫摸也刺激到了人們的觸感。並且你可以發現，當一個人的挫折感或者不安感越重的時候，這樣的動作出現的機率越大。人們似乎希望藉這些動作來發洩，尋求安慰，同時又穩定了情緒。

拍案而起，是為了顯示威懾力

拍案而起，是指用手猛然一拍桌子然後憤然站起來，形容非常憤慨。在生活中，如果交流對象衝著你拍案而起，這表示他很憤慨，並想顯示威脅力。

一個人做出拍案而起的動作，多是在他感覺人格和尊嚴受到侵犯時的時候。此刻他覺得不應該再臨陣退縮，於是拍案而起，想給人以迎頭痛擊。與之伴隨的往往還有手勢下劈的動作，這樣通常會給人一種泰山壓頂、不容置疑的感覺。使用這種手勢的人，一般都是地位高高在上，性格有些自負的人。他們的能力很強，一般他們的觀點和決定，不會輕易容許人反駁。伴隨著這個動作的意思是「就這麼辦」、「這事情就這樣決定了」、「不行，我不同意」等話語。

日常生活中，大家常遇到一些上司，在講話時為了強調自己的觀點，顯示威脅力，他們通常會做出手勢下劈的動作。在當下的這個時候，你最好不要輕易提出相悖的觀點，對方一般也是不會輕易採納的。如果你非要爭論個你是我非的話，恐怕他們很容易就拍案而起了。在平常，你與同事或朋友三五成群地爭論問題，如果有人為了證明自己的觀點而否定別人的觀點，往往也喜歡做手勢下劈的動作來否定別人的觀點，打斷別人的話。如果爭論到高潮，很可能會有人拍案而起了。

如果是在演講，一般不適合做拍案而起的動作，但是演講者為了強調自己說話的意思，往往會做出手勢下劈或握緊拳頭的動作。這也是他想顯示威懾力的標誌。握緊的拳頭好像在說：「我是有力量的。」但如果是在有過節的人面前握緊拳頭，則表示：「我不會怕你，要不要嘗嘗我拳頭的滋味？」這也是他討厭某人的標誌。

歷史上，「拍案而起」的例子也不絕於耳。曾有「同治中興」名臣左宗棠在事關中華民族利益的大是大非面前「拍案而起，挺身而出」的故事，尤為後人稱道。當時，清政府與英帝國主義簽訂了中國歷史上的不平等條約，又是割地又是賠款。此時的左宗棠雖然人微言輕，但依然拍案而起，說：「英夷率數十艇之眾竟戰勝我，我如卑辭求和，遂使西人具有輕中國之心，相率效尤而起，其將何以應之？須知夷性無厭，得一步又進一步。」他痛斥投降派琦善「堅主和議，將恐國計遂壞伊手」，「一二庸臣一念比党阿順之私，今天下事敗至此」。他利用自己的朋友關係，四處聯絡，推動參劾投降派，讓清政府重新啟用林則徐。

正是在輿論壓力之下，朝廷不得不撤掉琦善，重新恢復林則徐的職位。可見，拍案而起的意義是否積極，還要看當時的情境。如果說話者只是為了體現個人的威懾力，那就有些小題大做了。像左宗棠為了維護了民族大義，義正詞嚴地拍案而起則是氣憤至極的自然反應，當然這樣的動作也顯示了他的威脅力。

雙手托腮的人，喜歡幻想

雙手放在以手托腮的動作，是一種替代的行為。用自己的手，代替母親或是情人的手，來擁抱自己或安慰自己。在精神抖擻毫無煩惱的人身上，通常是看不到這樣的動作的。只有那些內心不滿、心事重重的人，才會托著腮沉浸於自己的思緒中，藉此填補心中的空虛與煩惱。這樣的人往往熱衷於幻想，喜歡任自己的思緒漂浮於世俗之外。

如果你眼前的人，正用手托腮聽你說話時，那就表示他覺得話題很無聊，你的談話內容無法吸引他。或者他正在思考自己的事，希望你聽他說話。而如果你的戀人出現這樣的舉動，也許他正厭倦於沉悶的聊天，希望你給他一個熱情的擁抱呢！

倘若平日就習慣以手托腮，表示此人經常心不在焉，對現實生活感到不滿、空虛，期待新鮮的事物，夢想著在某處找到幸福。想要抓住幸福，不能只是用手托著腮幻想而什麼都不做。守株待兔便是這類型的人最佳描寫。

有這種個性的人在談戀愛時，會強烈渴望被愛，總是祈求得到更多的愛，很難得到滿足，處於欲求不滿的狀態。從另一個角度來看，這種人因為覺得日常生活百無聊賴，而慣於沉浸在自己編織的世界中，偏離了現實世界，腦中淨是浪漫的情懷，與之交談，往往會有一些意想不到的有趣話題出現。

雙手托腮、喜歡幻想的他，就像一個愛撒嬌的孩子，隨時需要呵護，但太過於溺愛也不是好事。拿捏好尺度，適當地滿足他的需求才是上策。而經常做出托腮動作的人，除了要自我檢討這種行為是否是因內心空虛產生的反射動作外，也應儘量充實自己，減輕內心的痛苦，試著透過心態的調整，改善表露在外的肢體動作。

生活中，我們還可以看到一隻手撫腮，一隻手扶著另一隻胳膊的人。這樣的人戒備心理很強，如果談話對象在和你交談的過程中，經常以這樣的姿勢面對你，那麼表示他對你的話有所懷疑，對你的話題也沒有多少興趣。

如果你的談話對象總是習慣用雙手托腮或用單手撫腮，並且顯出一副心事重重的樣子。那麼他多半是熱愛幻想，喜歡浪漫的人，你要想和這種人成為親密的朋友，可能還要花上一段時間。

雙手放在臀部兩側的人，已經準備好了

孩子們在和父母辯論的時候，運動員在比賽開始之前，拳擊手在拳賽開始之前，以及那些警告別人擅自闖入自己地盤的人，通常會做出這樣的動作姿勢，即把雙手放在臀部兩側。這是一種使用非常普遍的方式，是用來告訴你，他們信心十足，已經做好行動的準備了。同時，這種動作姿勢還能使他們佔據更多的空間，並且能夠把突出的手肘作為武器，使你不敢靠近或是從他們身旁經過。

當一個人在把雙手放在臀部兩側的同時，還稍微向上提起自己的手臂，這實際上是在向你暗示：你儘管放馬過來吧，我一點也不懼怕你，因為我已經做好了攻擊準備。

有些時候，即使把一隻手放在臀部也會暗示出同樣的資訊，尤其是當一個人用手指指向想打擊的目標更是如此。這種姿勢的含義在世界各地是大同小異，但在馬來西亞、菲律賓等地，這種姿勢帶有更強烈的怒意或是義憤填膺的意思。

現在，行為學家將「雙手放在臀部兩側」統稱為「做好準備」，即動作發出者信心十足，已經做好了行動的準備。不過有些時候，這種姿勢又被叫做「成功者」姿勢，特指那些準備克服萬難或者是準備採取行動的目標性很強的人。很多時候，男性也喜歡在異性面前使用此種姿勢來表現自己自信十足的男子漢氣概。

正因為「做好準備」這一姿勢具有較為豐富的意義，所以我們在判定這一動作姿勢的具體含義時，不能只用單一的想法去判斷，而應考慮施動者做出這個動作時的具體場合，以及他在做這個動作之前所做的其他動作。只有這樣，你才可能明白施動者做出這一動作的真實含義。

比如，此時動作發出者的大衣是敞開到身體兩側，還是扣上的呢？如果是扣上的，則說明此人現在情緒可能比較低落，如果此人的衣服是打開的並把衣服直接敞到身體兩側，則說明此人目前情緒狀態較為亢奮，具有較強的攻擊性。如果此人在保持敞開衣服狀態的同時，把雙腳張開，牢牢地直立在地面上，或是雙手緊緊握拳，那你就得格外小心了，因為此人的這些姿勢表示，他已經做好了攻擊的準備。

有些時候，專業模特兒會特意借用這種具有侵略意味的準備動作組合來展現野性和霸氣，這更能體現出時尚、摩登、另類的特點。另外，在某些情況下，有的女性僅僅把一隻手放在臀部，而另一隻手卻做出一些其他動作，往往也能引起異性的注意。戀愛中的女性就尤喜歡使用此種姿勢來突出自己的女性魅力，進而讓男友時刻注意到自己。

常擺出塔尖式手勢的人，高度自信

一般來說，在身體語言中，對一個姿勢的理解需要結合其他姿勢群和具體的環境，才能解讀其真正的含義，因為某一具體手勢在這個特定場合中可能有某個特定含義，而在另外一個特定場合中可能並沒有含義。比如，在一個寒冷的房間裡，某人將雙臂交叉放在胸前可能僅僅是為了防寒取暖，而與防禦自衛或者孤獨離群沒有絲毫關係。但體語中有一個姿勢卻是例外，它是一個孤立的姿勢，不需要結合其他姿勢群和具體的環境，就能表達一個明確而具體的含義，它就是「塔尖式手勢」。那究竟什麼是塔尖式手勢？它表達的具體意義又是什麼呢？

所謂塔尖式手勢，是對一種手勢的形象稱呼，指雙手手指一對一地在指尖處結合起來，但兩個手掌並沒有接觸，外表看上去就像教堂的尖塔一樣，故而被稱為塔尖式手勢。它表達的意義就是姿勢發出者對自己非常自信。一般來說，採用這個姿勢的主要是這樣一些人：非常自信、有優越感，較少使用身體語言的人。

塔尖式手勢常用於上下級之間的互動關係中，用來表示自信和無所不能。經理或部長給下屬傳達通知、佈置任務時，常會自覺或不自覺地做出這個姿勢。這在律師、IT人員、經濟師之類的人群中尤為常見。他們之所以喜歡做出這個姿勢，就在於想透過此種姿勢，向別人表明對自己所說的話，或者是所作的決定，具有十足的信心。

研究顯示，職場中有一種很普通的現象，就是那些自信的佼佼者經常使用塔尖式手勢，以顯示他們的高傲情緒。在上下級之間，這種手勢主要用來表示當事者「萬事皆知」的心理狀態。如某些大公司的總經理在給他的下級傳達指示時經常使用這一手勢，某些聽報告的領導者，常常坐在講桌旁，雙臂支放在桌子上，雙手不由自主地形成塔尖式。這種手勢在會計、律師、經理、公司領導者中顯得更普遍。

具體來說，根據塔尖的朝向，塔尖式手勢可以分為向上和向下兩種姿勢。當一個人向別人發號施令，或是在闡述自己的觀點、意見時，其手勢的塔尖朝向上方；當一個人在聆聽別人說話時，其手勢的塔尖可能會朝下。

心理學家研究發現，女性不論是在對別人發號施令，還是在聆聽別人說話，她們都喜歡用倒置的塔尖手勢來含蓄表達自己的自信。如果一個人在做出塔尖朝上手勢的同時，還昂起自己的頭，這就表示他是一個自以為是，並且很自大的傢伙。更為誇張的是，如果某些人在看你時，常常做出塔尖式手勢：先把十指做成塔尖式手勢，並將其置於與雙眼平行的位置，然後透過兩掌間的縫隙盯著你，一言不發。做這樣的動作就好像在告訴你：「你心裡在想什麼我都一清二楚，不要在我面前耍花樣，不然後果很嚴重！」

整體來說，塔尖式手勢是一種積極、明確的姿勢語言，除了可以用於積極的方面以外，它還可以用於消極的方面。比如，當一個下屬在向其上司彙報工作時，他可能會做出一些積極的姿勢，比如攤開雙掌、身體前傾等。經理在下屬彙報完畢後，他可能做出塔尖式手勢。

要想判斷經理這個手勢的意義是積極的，抑或是消極的，關鍵就在於經理做出的這個動作是在他的一些積極姿勢之後，還是在一些消極姿勢之後。如果是在一些積極姿勢之後做出的，則表示他肯定了這位員工的工作，如果是在一些消極姿勢之後做出的，則表示他不太滿意這位員工的工作。

愛用手捂嘴巴的人，多少有些自閉

你的周圍一定有這樣的人，他們笑起來總習慣用手捂住嘴巴。這樣的人性格多數比較內向，屬於較安靜的人，大多有自閉心理。同樣，捂住嘴巴笑的女孩，她們往往也是容易害羞的人，性格較溫和。這類人一般不會輕易向他人吐露自己內心的真實想法，包括親朋好友。

平時不笑都喜歡用手捂嘴的這種行為，在女性身上比較常見，此類人性格較內向、保守，甚至有點自閉，自卑，不敢過多暴露自己。如果你是她不熟悉的人，那她會對你「戒」心百倍，一直竭力隱藏自己，試圖做某種掩飾。即使是在網路上，她也不會多透露給別人一點關於自己的資訊。

一般來說，在談話的過程中，我們都不會非常直觀地談論自己，但在不

CHAPTER 1

控制與防備，看手就知道

知不覺、有意無意當中總有透露自己的時候。一般我們多留心談論內容，多觀察談話者的神態和動作，細心一點，都會獲得一些有益的東西。可是如果你遇到一個在說話時愛用手捂嘴巴的人，你想瞭解他就困難得多了。他一般拒絕談論自己，包括曾有的經歷，自我的性格以及對外界事物的態度和看法等等，他的格比較內向，甚至自卑，沒有特別喜歡、特別厭惡的東西，主觀意識比較淡薄，不太愛表現和公開自己。對於這樣的人，即使在你的反覆啟發下，他勉強談論了自己，也只是在單純地敘述，他不會加入過多修飾成分，而是習慣將自己置於事外，彷彿在談論一個外人，這樣的人比較客觀、理智，情緒也比較沉著和穩定，一般不會有過激的行為。

與此相反，如果你遇到一個在說話過程中習慣性做捂嘴動作的人，他卻不迴避和你討論自己，甚至對自己曾有的經歷，個性特點等誇誇其談。這表明這是個主觀意識較濃厚，愛表現和公開自己，多少有點虛榮的人，而且他有很深的城府。做出捂嘴的動作無非是在影響你的判斷力，這樣的人特別喜歡表達對外界一些事物的看法、態度和意見等，一般來說，這樣的人性格大多外向，感情色彩鮮明而且強烈，特別注意細節。

此外，愛用手捂嘴巴的人在戀愛的時候不夠大方，如果他對一個人有好感，不會很明白地表示出來。如果你約這樣的人出去，他會連笑都加以掩飾，到底答不答應你的示好，他會糾結上一段時間。在態度方面也表現得不夠大方，因為他天生就不夠自信，甚至有些自閉。如果你和這樣的人起爭執，他一般會選擇順從你。長期捂嘴笑的人，一旦結了婚的話，男的會懼內，女的會怕老公。

對自己豎起大拇指的人，往往自視甚高

千百年來，大拇指一直都被當成是權威和力量的象徵。古羅馬時代，貴族蓄養戰俘或者奴隸成角鬥士。這些角鬥士們在互相打鬥，甚至和野獸搏鬥。勝利者接受貴族的賞賜，失敗者則由鬥獸場的觀眾決定他的生死。而決定的手勢就是握拳伸出大拇指，如果大部分人將大拇指豎立起來就表示對他的讚賞，同意留他一命，而如果大部分人扳下大拇指，這個角鬥士就要被殺死。所以豎立的大拇指除了表示對對方的讚賞，還有一種自我貴族身分的炫耀感。做此手勢的人也相當自信，覺得自己也很棒。

在手相術裡，拇指代表的是力量和自我，而與拇指有關的肢體語言也通常帶有自視甚高的意味在裡面。人們習慣用拇指來體現自身的強勢地位，以及胸有成竹的自信心理或是帶有侵略色彩的勃勃野心。

大多數情況下，大拇指可以表達對自己的尊敬，也可以表達對別人的讚賞，它的含義是積極而正面的。既然大拇指代表了一種自信，男人們總是在潛意識裡尋找著機會露出大拇指。

不過，在眾多肢體語言當中，拇指的動作屬於二級語言，通常需要配合其他動作或手勢來使用和理解。通常情況下，拇指的動作往往都是褒義的，或是帶有正面效應的。

1、雙臂交叉抱於胸前，將雙手的拇指露在外面且保持向上豎立的姿勢

如果某人在雙臂交叉的同時，露出向上豎立的大拇指，那麼就可以看出此人內心的優越感極強，而且相當有自信，認為情況都在他的掌握之中。而且他並不介意人們意識到這一點，相反他倒是很希望別人注意這一點。所以在他說話的過程中，他會活動他的大拇指以引起對方的注意。通常在說到重點內容時，他的大拇指活動的幅度會格外大，用以提醒對方。

而交叉的雙臂則能夠保護自我，給他安全的感覺。而拇指向上的手勢代表做該手勢的人十分自信。這就使得這個動作包含了雙層含義，既說明做此動作的人存在防備或否定的心理，又透過外露的拇指體現出了此人的優越心理。而假如他們處於站立的姿勢時，他們往往也會以腳跟為軸心，前後擺動身體。

2、雙手插入衣服或者褲子的口袋，而把拇指留在外面

這種動作很常見，凡是感覺自己高人一等，或是處於優勢地位的人，無論男女，都會在不經意間做出這樣的動作。比如老闆們在員工面前會使用這一動作，但下級通常大都不敢在老闆面前擺出這樣的姿勢。

男人們更經常使用這個動作是因為他們很早就著褲裝，而女性則基本是以無袋的裙裝為主，直到後來女性們開始著褲裝，並且在社會中獲得越來越多的權利，這些動作才開始在女性中流行起來。但也只有有女權主義傾向的女性最常使用這個動作，她們的意思是要表明男女的平等。

然而，豎起的大拇指也不是所有時刻都能表達一種正面的含義。比如，用拇指指向別人往往可以表示一種嘲諷、奚落的不敬之意。男人們在向朋友抱怨自己嘮嘮叨叨的妻子時，就經常使用這個手勢。他會用大拇指指尖指向妻子，然後說出一些抱怨的話。在這種情況下，丈夫晃動的拇指表示的就是一種奚落妻子的意思。因此，這種用拇指來標指對方的手勢通常會勾起女性的怒火，尤其當做這一手勢的人為男性時。

儘管女性有時候也會用這樣的手勢來標指自己不喜歡的人，但整體而言，其使用頻率比男性要低得多。可見，豎起的大拇指有時也不一定是讚揚的意思。

推杯換盞，手勢各有千秋

喜好喝酒的人，很容易在酒桌上交到朋友，他們碰在一起，總是容易惺惺相惜，幾杯酒下肚後，便會說相見恨晚，覺得與對方特投緣，朋友就這樣交成了。

俗話說，「無酒不言商」，許多大生意都在酒桌上敲定。生意場上有不少人借著酒精的刺激來促進彼此的往來，酒彷佛成了感情的潤滑劑，人們閒談交流，甚至成為「酒後」知己。不過，很少有人曾注意過他人手持酒杯的手勢和動作。而手持酒杯的姿態，經過仔細觀察，往往可以搜集到很多資訊。

假如你參加一個宴會，喝酒的時候，你發現有人總是習慣把手放在酒杯中央，這類人往往典型的和事老、好好先生。他們待人親切大方，具有很好的人際關係，但由於不擅長拒絕別人，他們經不起你勸酒，一喝就容易醉，時常會有吃悶虧的事情發生。

如果有人習慣用兩手握住酒杯，那麼他們多半屬於孤僻型。他們渴望與他人交流，但是很難融入別人的圈子。因此，他們容易感到孤獨。

心理學家研究還發現，每個人喝酒時握杯子的姿勢和著力處不同，也能看出他們性格的差異和心理特徵。若你應邀出席一個酒會，在人們寒暄過後，該安靜喝一杯時，不妨看看他們拿杯子的不同手勢，揣測一下不同人的個性。

1、喝酒時喜歡緊緊抓住酒杯，拇指按住杯口

這類人是來者不拒型。他們將杯子拿得很牢，施力在杯子上的動作說明他們喜歡暢飲，並常常一飲而盡。如果條件允許，他們會一醉方休。與握酒杯中央的好好先生一樣，他們對於你的要求，也不會拒絕。雖是酒場豪飲者，但比較容易酒後誤事。

2、喝酒時用力緊握杯子，拇指用力地頂住杯子的邊緣

這類人是酒場上的智者。他們會巧妙地應付對方的敬酒，飲酒量能夠保持一定的限度。能夠很好地掌控自己，如果他們不想喝醉，就一定不會喝多，任憑對方如何勸導，仍能保持清醒的頭腦。

3、喝酒時緊捂住杯口

這類人的動作似乎要掩蓋住自己的內心。無意識的舉動也說明他們本身是虛偽的人。他們不輕易在別人面前暴露自己，也不喜歡引人注目。習慣掩藏真實的想法，尤其是害怕別人看他們的目光會和所希望的不一致，那會使他們感到丟面子。

4、握住高酒杯的腳，食指前伸

這類人故作高雅，想突出自己與眾不同。他們內心的追求就是靠近那些有錢、有勢和有地位的人，從本性上看，他們是較為貪婪的人。

在酒桌上，推杯換盞的手勢往往是不加掩飾的，這些細節通常可以表露人心。

手持話筒下端的人，個性堅毅

打電話是最常見的行為，透過這一行為，我們往往可以看出動作實施者的內心世界。一般來說，大部分人都喜歡在通話時緊握聽筒的下端。這種人外圓內方，表面看似怯懦溫馴，實則個性堅毅，對事對人一旦下定決心，永不改變。他們一般很守信用，一旦答應你什麼事，會盡力去做好，適合與之成為朋友。

打電話時做這樣的動作，在男性中較多見，他們大都性格乾脆、做事爽快；這樣握聽筒的女性，往往對事物的好惡十分明顯，且固執到底。遇事喜歡憑自己的好惡，一點也沒有通融的餘地，因而不太討男性的喜歡。

透過觀察可以發現，人在打電話時，還有一些其他的手上動作，例如：

1、邊打邊信手塗鴉的人

一邊通話，一邊用手指在紙張上信筆亂畫。這種人大多具有藝術才能和氣富幻想力而不切實際。不過他們獨具的愉快及樂觀性格，使他們經常可以輕易地度過一切困難。

2，用雙手握住話筒的人

這樣的人很感性，易受外界的影響。這樣握聽筒的女性，一談起戀愛來，很容易受對方的影響，性格也會隨之起變化。這樣握聽筒的男性，大多會有一些女性氣質，對於一些細微的事情，往往也會左思右想，優柔寡斷，不知如何是好。

3、用手輕柔地握住話筒，並使話筒與耳朵保持一定距離的人

這樣的人，其行動力和社交活動能力往往是相當強的，並且有很強的自信心，十分好勝，也很希望周圍的人能夠注意他。如果是女性，這樣的人一旦遇到她所傾愛的男性時，則會一改以往任性的性格。這樣握聽筒的男性則比較少見。

4、邊通話邊用手玩弄電話線的人

做這樣動作的多見於女性，她們比較喜歡空想，一方面多愁善感，另一方面又有倔強的脾性，她們在電話中一說起來常常會沒完沒了。同樣，做這樣動作的男性較少見。

5、用手抓握話筒上端的人

做這樣動作的女性較多，她們通常有一種歇斯底里的特徵，只要有一點小事不合心意，就會發脾氣，情緒改變非常快，所以與周圍人的關係常常很緊張。這種女性與異性相處時，愛怎麼樣就怎麼樣，往往使對方束手無策，陷入困難的處境；而這樣握聽筒的男性，往往頭腦靈活。

一個人在打電話時，用手抓握電話話筒的位置往往可以表露人心，透過這，我們可以很好地瞭解他的內心世界。

自信的肘部支撐動作

人在自信滿滿的時候通常愛做出肘部支撐動作，透過這些細節，我們可以更好的瞭解交流對象。

1、展示自信與權威

支撐在椅子扶手上的雙肘是力量的源泉，就像運動員起跑時用雙腳踩在助跑器上一樣。而手指姿勢則形成了一把槍的樣子，不斷擺動的食指就是槍口的位置，彷彿一觸即發。

辦公室裡，總裁坐在自己的位置上聽取下屬的工作彙報。他把雙肘支撐在椅子的扶手上，雙手手指交叉，而將兩手的食指和拇指互相頂住。他的掌心虛空，在聽取下屬彙報的過程中，互相頂住的食指不斷上下擺動。

這樣的姿勢常見於職場地位較高的人士，他們十分清楚自己手裡的權力，並且希望別人也意識到這一點。當聽取下屬的談話時，這樣的姿勢代表他們其實已經知曉了一切，或者認為一切盡在掌握之中。

2、思想者的單肘支撐

我們都很熟悉羅丹的著名雕像——沉思者。雕像塑造了一個強有力的男子。彎著腰，屈著膝，右手托著下頜。深沉的目光以及拳頭觸及嘴唇的姿態，表現出一種極度痛苦的心情。努力把身體抽縮、縮成一團。他的肌肉非常緊繃，不但全神貫注地思考，而且沉浸在苦惱之中。

這是男性經歷痛苦矛盾思考的時候會做出的動作，而女性則有另外的思考動作。比如用一隻手的手肘支撐在桌子上，而這隻手的手掌微微握拳，伸出食指和拇指形成一個「八」字手勢撐住側臉，通常食指頂住的部位在太陽穴的位置。男性和女性的思考動作，最相像的地方就是單肘的支撐，他們都用一隻手的手肘尋找到一個依靠點，用以支撐自己的頭部——思考的部位。

女性單肘支撐的思考姿勢相比起男性來說，削弱了力度感。女性會把更大的力量積蓄在內在的思考上。「八」字形手指姿勢刺激著她的太陽穴，表示她在時刻提醒自己保持清醒。

3、單手托肘積蓄力量

肘部支撐動作有很多種不同版本，但大部分都隱含著積蓄力量的意思。如果你發現一個女性在談話時，用一隻手在胸前托住另一隻手的手肘，而另一隻手則有比較大的手勢動作，那麼就表示她迫切地希望自己的觀點能夠打動對方。被托住的手肘找到了支撐點，進而使得手臂能夠更靈活的擺動，而手臂和手掌的動作也能夠有更大的幅度。這種姿勢好像把全身的力量都透過手肘輸送到了那隻活動的手臂上，所以它必然要利用這些力量擺出能夠吸引別人的姿勢，進而為自己的談話增添士氣。

可見，如果以個人做出了自信的肘部支撐動作，往往是他信心滿滿，積蓄力量的表現。

習慣會出賣你

從司空見慣的動作裡

透視人心

Chapter 2

習慣會出賣你，潛意識所透露出的訊號

瞳孔擴張，表示對你的談話感興趣

日常生活中我們很容易觀察到別人的手勢、坐姿、表情等身體語言，而對於眼睛的觀察只是停留在暗淡無光或是炯炯有神的層面上，其實人的瞳孔裡還有很多值得我們去發掘的資訊。

人的眼睛透過數條神經與大腦連接，它們從外部獲取資訊，然後透過神經把資訊傳遞給大腦。受到刺激的大腦又回饋資訊給瞳孔，於是人的心理也就在瞳孔上表露出來。如果說眼睛是心靈的視窗，那麼瞳孔就是窗內的風景。

研究瞳孔運動的心理學家發現，瞳孔的大小是由人們情緒的整體狀態決定的。如果有一天，你興致勃勃地和某人聊天，發現他的瞳孔擴張，認真聆聽你的談話，這表明他對你的談話非常感興趣，你可以繼續發表你的言論。

曉月在電腦城賣電腦，她向顧客推薦新產品時，她會一邊介紹，一邊留意顧客瞳孔的變化，如果她發現顧客在聽她講解的時候瞳孔明顯變大，心裡就會暗自竊喜，因為她知道她推銷成功的機會很大了。

從例子可以看出，當一個人對你的談話內容感興趣的時候，會在他的瞳孔上有所反映。當一個人處於興奮、高興的情緒狀態時，其瞳孔就會明顯變大。反之，當一個人處於悲觀、失望的情緒狀態時，其瞳孔就會明顯縮小。據此，細心的你可以透過他人瞳孔的變化發現生活中其他的有趣現象。

例如，一個性取向正常的人，不管是男人還是女人，只要他們看到異性明星的海報，瞳孔便會擴張；但若看到同性明星的海報，瞳孔就會收縮。同樣，當人們看到令人心情愉快或是痛苦的東西時，瞳孔也會產生類似反應。比如，看到美食和政界要人時瞳孔會擴張；反之，看到殘疾兒童和戰爭場面時瞳孔會收縮，在極度恐慌和極度興奮時，瞳孔甚至可能比常態擴大四倍以上。

習慣會出賣你

從司空見慣的動作裡

透視人心

美國曾進行的一項瞳孔研究調查顯示，當男人們觀看色情電影時，瞳孔會擴大到原始尺寸的三倍。而女人們則是在看到媽媽和嬰兒嬉戲的圖片時，瞳孔擴張最為明顯。嬰兒和幼童的瞳孔比成年人的瞳孔要大，而且只要有父母在場，他們的瞳孔就會始終保持擴張的狀態，流露出無比渴望的神情，進而能夠引來父母的持續關注。

一般來說，當人們看到對情緒有刺激作用的東西時，瞳孔就會變化。研究還指出，瞳孔的擴張也與心理活動密切相關。例如，某個工程師正在冥思苦想努力解決某個技術難題時，當這一難題終於被攻破的那一剎那，這位工程師的瞳孔就會擴張到極限尺寸。

很多玩牌的高手之所以能屢戰屢勝，最主要的原因就在於他們善於透過觀察對手看牌時瞳孔的變化來揣摩對方手中牌的好壞。他如果看見對方看牌時瞳孔明顯擴大，則可基本斷定對方拿了一手好牌，反之，當他看見對方看牌時瞳孔明顯縮小，據此他又可以斷定對方的牌可能不太好。如此一來，自己該跟進還是該扔牌，心裡也就有底了。這一點還體現在男女約會上，如果你的約會對象在注視你的時候，眼神溫柔、瞳孔擴大，那基本可以斷定他是喜歡你的。

關於瞳孔擴張的這一發現被研究引入了商業領域，人們發現瞳孔的擴張會令廣告模特顯得更有吸引力，進而吸引更多的顧客購買商品。因此，商家通常將廣告照片上模特的瞳孔尺寸修改得更大一些，有助於提升產品的銷量。

有句老話說，在和別人說話時，要看著對方的眼睛。是的，如果他在和你交談時，瞳孔擴張，那真要恭喜你，這表明他對你的談話很感興趣。下次，要「好好看看對方的瞳孔」，因為瞳孔從不說謊。

走路時視線向下的人凡事精打細算

孔子曾說過：「觀其眸子，人焉瘦哉！」意思就是說：想要觀察一個人，就要從觀察他的眼睛開始。因為眼睛是人的心靈之窗，所以，一個人的想法經常會由眼神中流露出來。

而研究發現，一個人的視線，尤其是單獨有路時無意識流露出來的視線，總會在無意間展露內心的意識以及喜好。

正常人在走路時視線是在前面大概三～公尺的位置，角度通常是七十五度，在有人告訴你有危險或自己感覺到有異常時，人走路的視線角度會發生很大變化，可能在前面一公尺左右，角度非常小，步幅自然減小，以應對突發的變化。

CHAPTER 2

習慣會出賣你，潛意識所透露出的訊號

但是，如果你細心可以發現，生活中很多人在平時走路時視線都是向下的，頗有走自己的路，讓別人去說的味道。這類人往往小心謹慎，凡事精打細算。這樣的人都比較內向，他們心機比較重，為人謹慎、多疑，看似無心，實則總是在思索。與他們交流，你能感受到，他們對於能帶來實質性收穫的交流感興趣，重視家庭生活。

在與人交往的過程中，如果你希望深入瞭解他人的喜好、秉性，你就需要多留意他人的視線。以下就來討論不同的視線區域可能代表他人的哪些特質。

1、走路時視線朝上

這樣的視線，通常會配合輕快悠閒的步履，頭微微上仰，雙手插在口袋裡。如果你在路上遇到他，他可能還哼著小曲兒。

這類人往往個性質樸，活得輕鬆自然，喜歡自然界的一切美好。一朵花、一隻小狗、一頓晚餐，都能為他帶來身心的滿足。

2、走路時習慣平視

這類人個性認真，凡事喜歡就事論事，多半不喜歡拐彎抹角，不喜歡浪費時間，這類人屬於務實派。

3、走路時盯著某物直瞧

平時很容易見到這類人，吸引他們目光的可能是一支筆、一隻貓。其實，吸引他們的不是這些東西，真正吸引他的通常和他正處理的事務相關。

這類人往往專注力強，此時，他正沉浸在自己的世界裡天馬行空，這類人喜歡談論目前手頭上正在進行的事務。

4、走路時喜歡東張西望

在走路時喜歡東張西望的人，往往專注力不強。

這類人很容易受到外界的干擾，總是漫不經心，好奇心比較重，喜歡新鮮的人、事、物。如果你和這樣的人討論問題，他往往會反覆問相同的問題。是的，他根本沒有仔細聽。這就是小時候老師常常寫的評語「注意力不集中」。

每個人走路時的視線區域是不同的，當瞭解這些細微差別後，你就可以從這些司空見慣的動作裡透視人心。

避開視線、延長眨眼時間是討厭的信號

視線表達了一種關注感，被視線關注的人會自然地用心聆聽凝視者的話。而視線還有其他的魔力，透過視線，你可以瞭解他人的心態和情感。

當你發現別人竭力避開你的視線或者延長眨眼時間的時候，肯定是有什麼事情讓他們覺得不對頭。他也許是不喜歡你、或者對你不感興趣；也許是在自我保護，或者有事隱瞞；也有可能是不知道怎麼面對你，或者僅僅是害怕你。

如果對方快要跟你的眼神交會時，突然避開你的視線，雖然表面上沒有拒絕跟你說話，但卻已經散發出不想再繼續交談下去的資訊了。既不想再聽你說話，也沒有認同你的意思。如果某人避開視線故意讓你看出來，這樣的

CHAPTER 2

習慣會出賣你，潛意識所透露出的訊號

人就比較極端，這是對你抱有敵意與嫌惡，而且毫不隱藏地表現出來。如果在談話期間視線一直不肯和你交集，恐怕是因為對方討厭你，也有不想被你所左右的意思在裡面。

心理學家達尼爾曾說過這樣一句話：「敢於與對方做眼神接觸表現了一種可信和誠實；缺乏或怯於與對方進行眼神接觸可以被解釋為不感興趣、無動於衷、粗蠻無禮，或者是欺詐虛偽。」事實也往往如此。一家醫院在分析了收到的大約一千封患者的投訴信後歸納出，大約九十％的投訴都與醫生同患者缺乏眼神接觸相關，而這種情況往往被認為是「缺乏人道主義精神或是同情心」。

為什麼有些人和你說話你會感到舒服？而有些人和你說話卻會令你感到不自在，還有一些人在和你說話時甚至會讓你懷疑他們的誠信？這是因為眼睛能夠透視人們內心的想法。會面的兩個人如果彼此較多地注視對方的眼睛，那就代表他們彼此之間都很感興趣，或者對所談的話題有熱情。相反如果話不投機，彼此之間就會儘量避免注視對方，這樣可減輕緊張的形勢。

當然，如果他不喜歡你，也可以透過延長眨眼時間來傳達討厭你的信號。在正常的條件下，一個人眨眼的頻率是一～三次／分鐘，每次閉眼的時間也僅僅為十分之一秒。但是，在某些特殊的情況下，為了特定的目的或是為了表達特殊的情感，一個人可以故意延長他眨眼的時間。如果你湊巧遇到某個人對你做出此種姿勢，就得留意他此舉的含意了。

這裡所說的拉長時間，並非他迅速的眨眼，再隔很長一段時間之後進行下一次的眨眼動作，而是每一次眨眼動作的時間被拉長。要實現這個目的，人們在每次眨眼時，眼睛閉上的時間就要遠遠長於正常情況的十分之一秒。為什麼會出現這種的情況？他自己可能並沒有意識到這個動作，只是潛意識裡這樣做了。事實上是因為他對你感覺厭倦，他覺得與你談話很無趣。我們在談話中如果發現對方對自己做出這樣的動作，我們就需要提醒自己是否談話內容實在無法引起他的興趣？因為這種動作表明他已經不想再跟你繼續討論下去，所以他每次眨眼時眼睛會閉上兩到一～二秒甚至更長的時間，希望你從他的視線中消失。如果你發現你在講話時，你的單獨觀眾開始有了拉長眨眼時間的行為，甚至同時伴有呵欠，你就可以結束這次對話了。難怪美國哲學家愛默生說：「人的眼睛比嘴巴說的話更多，不需要語句，我們就能從彼此的眼睛瞭解整個世界。」

握手時一直盯著你的人，心裡想要戰勝你

西班牙鬥牛的節目中，那些被激怒的公牛會在進行角鬥之前，把眼睛瞪圓了一直盯著對方。在這點上，人類也是一樣。世界上大多數國家的人都不會對不熟悉的人進行直視，一直盯著對方會被認為是沒有教養的表現，甚至被看成是一種故意挑釁的行為。當某人和你握手時，一直直視你，甚至盯住你不放，這其實是對你的挑釁，他的心裡是想要戰勝你。

目光接觸是非語言溝通的主管道，是獲取資訊的主要來源。人們對目光的感覺是非常敏感、深刻的。透過目光的接觸來洞察對方心理活動的方法，我們稱之為「睛探」。目光接觸可以促進雙方談話同步化。在對方和你交談時，如果他用眼睛正視你，你可以更有效的理解他的思想感情、性格、態度。

CHAPTER 2

習慣會出賣你，潛意識所透露出的訊號

同時，透過「睛探」，可以更好地從對方的眼神中獲得回饋資訊，及時對你的說話進行必要的調整，透過這樣的審時度勢，一旦發現問題，可以隨機應變，採取應急措施。

如果遇到和你握手時一直盯著你的人，並且他對你的注視時間超過五秒，這人除了想在心理戰勝你之外，往往還對你有一種威脅。這種盯視還會被用到其他場合，例如，員警在審訊犯人的時候通常對他怒目而視，這種長時間的對視對於拒不交代罪行的犯罪者來說，有著無聲的壓力和威脅。有經驗的員警常常用目光戰勝罪犯。

可見，即使是罪犯也不喜歡別人用眼睛緊緊盯住自己。因為被人緊盯住之後，心裡就會產生威脅和不安全感。事實上，在你和對方握手、交談時，如果遇到長時間盯著你的人，由於他眼神傳遞出來的資訊產生了副作用，你從他的視線中是感受不到真誠、友善、信任和尊重的。

在生活中，人的角色是多樣的，眼神之間可以傳遞不同含義的訊息，而

影響一個人注視你時間長短的因素主要有三點：

1、文化背景

文化背景不同的人注視對方的時間可能存在很大的差異。在西方，當人們談話的時候，彼此注視對方的平均時間約為雙方交流總時間的五十五%。其中當一個人說話時，他注視對方的時間約為他說話總時間的四十%，而傾聽的一方注視發言一方的時間約為對方發言總時間的七十五%；他們彼此總共相互對視的時間約為三十五%。所以，在西方國家中，當一個人說話時，對方若能較長時間看著對方的眼神，這會讓說話的人感到非常高興。因為他認為對方這樣做，說明對方很在意他的講話，或者是很尊重他。

但是，在一些亞洲和拉美國家中，如果一個人說話時，對方長時間盯著他看，這會讓他感到不舒服，並認為對方很不尊重他。比如在日本，當一個人說話時，如果你想表示對他的尊敬之情，那麼你就應該在他發言時儘量減少和他眼神的交流，最好能保持適度的鞠躬姿勢。

一個人對他人的情感狀態（比如喜愛，或是厭惡），也會影響到他／她注視對方時間的長短。比如，當甲喜歡乙時，通常情況下，甲就會一直看著乙，這引起乙意識到甲可能喜歡他／她，因此乙也就可能會喜歡甲。如此一來，雙方眼神接觸的時間就會大大增加。

換言之，若想和別人建立良好關係的話，你應有六十％～七十％的時間注視對方，這就可能使對方也開始逐漸喜歡上你。所以，你就不難理解那些緊張、膽怯的人為什麼總是得不到對方信任的原因了。因為他們和對方對視的時間不到雙方交流總時間的三分之一，與這樣的人交流，對方當然會產生戒備心理。這也是在談判時，為什麼應該儘量避免戴深色眼鏡或是墨鏡的原因。因為一旦戴上這些眼鏡，就會讓對方覺得你在一直盯著他，或是試圖避開他的眼神。

3、社會地位和彼此熟悉程度

很多情況下，社會地位和彼此熟悉程度也會影響一個人注視對方時間的長短。比如，當董事長和一個普通員工談話時，普通員工就不應該在董事長發言時長時間盯著他，如果那樣的話，他就會認為你在挑戰他的權威，或是你對他說的某些話持有異議。這樣一來，肯定會在他心裡留下不好的印象。

所以，和領導人或上級談話時，最好不要長時間盯著對方，你可以採取微微低頭的姿勢，同時每隔十秒左右和他進行一次視線接觸。不太熟悉的兩人初次見面時，彼此間眼神交流的時間也不宜太長，如果一方說話時，另一方緊緊盯著對方，這也會讓對方感到非常不舒服。

游離的視線暴露內心的不安

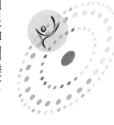

在日常生活中我們經常能遇到這樣的情形，當你遇到一個眼神閃爍不定，東張西望的人，你會感到他憂心忡忡。甚至你會覺得他心中可能隱藏著某事，或者是背著你做了對不起你的虧心事。

這種擔心是有科學根據的，就心理學而言，游離的視線往往會暴露內心的不安，往往是對方不願意讓你看到內心映射的表現。即是，隱藏著不想被你知道某事的可能性非常大。

視線的游離往往是人內心活動的反映。在與人交談的過程中，如果遇到東張西望的人，你該多留意一下他的視線變化，或許你可能從中瞭解到更為真實的東西。要知道，東張西望所透露出來的內心獨白是：「外部環境很陌生，我需要認清它並找到安全逃跑路線。」

如果你不相信，可以看看動物的反應。很多動物被帶到一個陌生的環境中，牠們的視線就會上下左右四處掃視。而且動作相當明顯，甚至伴有頭部轉動的動作。而一旦受到驚嚇，牠們會立刻循著自己剛剛鎖定的路線奔逃，一刻也不遲疑。這證明牠們在東張西望裡就已經安排好了逃跑路線了。人類在新環境中的環視動作比動物親戚隱蔽的多，所以，東張西望的神情是人們對於眼前的人或事缺乏安全感的表現。

游離的視線在很多時候是內心不安的表現，這裡也有一類更為特殊的群體。在醫學上，有些人被稱為「視線恐懼症」患者，他們在與別人發生視線接觸後，往往會立即轉移自己的視線。因為他們覺得對方的眼光太過於強烈，進而使自己的眼睛不由自主地東張西望，這會讓他們感覺非常不舒服。

與此同時，他們的心理也處於矛盾的狀態之中，一方面他們在想如果與對方進行對視，會不會使對方感到不快，另一方面又想到自己若是視線轉移了，對方會不會看透自己的心理。在這種進退兩難的矛盾狀態之中，他們越是焦急不安，就會使眼神更加左右游離，強烈不安的心理情緒就越嚴重。

一般來說，此種類型的人，他們之所以會產生「視線恐懼症」，歸根結底，是因為缺乏自信心。他們往往是透過別人眼中反映出的自己來認識和確認自己的存在與價值。

生活中，還有一些其他的視線可以傳達不同的信號。例如：瞳孔偏到一旁的目光伴隨著壓低的眉毛、緊皺的眉頭或者下拉的嘴角，那就表示猜疑、敵意或者批判的態度。

你在公司會議上發表見解時，如果發現你的老闆和同事大多用這樣的視線來看你，你就得警醒了。可能是他們對你本身有意見，或者對你的說話內容表示不屑。不管是哪一種，你的主張都沒有辦法打動別人。

但女人們通常喜歡用這種視線表達感興趣的意思。同時伴有眉毛微微上揚或者帶笑容，那就是很有興趣的表現，戀愛中的人們經常將之作為求愛的

習慣會出賣你

從司空見慣的動作裡透視人心

信號。

眼睛這扇天窗時刻都在向外界傳播著內心世界的種種資訊。下次，當你看到有人不停地左顧右盼，目光游離，那麼你就可以斷定，他的目光是在告訴大家：「我內心不安」，或「心懷不軌」。

從鏡框上方看人，是審視的表現

許多電影裡的搞笑鏡頭都有這樣的畫面：犯錯的年輕女孩低眉順眼地站立著，一個保守、嚴厲的老學究從鏡框上方打量著她，久久不說話……如果你遇到眼神從鏡框上方延伸出來的人，這表示他對你所說的話充滿了懷疑，他希望可以從你的情緒反應中證實你說話的可信度，這是對你審視的表現。

眼神分為多種多樣的。從眼鏡上方透出的眼神往往是冷冷的，帶著拒絕交流的味道，是一種不太客氣、心懷戒備的注視。一般來說，從鏡框上方看人往往不是正視，而是習慣用斜上方的目光看人或是餘光掃視，這樣的人一般都是刻板、保守、斤斤計較、心存鄙視的人。他的目光表露出來他輕視一切、懷疑一切，甚至有一些人帶著性格上的缺陷。

這樣的人眼神也可能變成指點，如果你從他的身邊走過，他往往先看看你的頭，又看看你的腳，可能還輕輕的撇撇嘴，那麼他的眼神就是在指責你，你的動作引起了他的不滿，叫你注意。以眼神指點往往不太顯眼，比較客氣。當然，也有一些戴著老花鏡的人，僅僅是為了從眼鏡上方看清外面的世界，這樣的人不在此列。

蜜雪兒．阿基利認為，一個人在與他人進行交談的過程中，視線朝向對方臉部的時間約佔據雙方談話時間的三十％～六十％左右。因此，在面對面的交流中，他人的目光轉換動作能讓你輕易瞭解他是個什麼類型的人。

1、目光左右移動是缺乏安全感的表現

內心缺乏安全感的人，他們的目光常常左右移動，這說明他們的生活正出於不安的狀態，這樣的心理會讓他們感覺到不舒服，這些人常常感覺缺乏自信，習慣自欺欺人，嚴重者甚至有被害妄想症。

2、目光總是不規則移動是不懷好意的表現

如果有人在和你交談的時候，他的目光總是不規則的移動，這會讓你覺得這是一個不正經、不可信或心懷歹意的人。實際上，這不只是一種感覺，有上述行為的人也許正準備設下圈套來陷害你。如果他是你的親友，也許他是在盤算著一場惡作劇來使你上當。

3、翻白眼的怪異目光是懷疑和輕視的表現

在和你談話的過程中，如果對方時不時地翻白眼並且用怪異的目光看你，或者忽然間用銳利的目光盯著你，這表示他對你有所懷疑或輕視。他們想透過這樣的目光來檢測你的情緒反應，進而證實他對你的猜測。還有一些性格有缺陷的人，也習慣用怪異的目光看人。

瞭解人類的心靈之窗，你能在他人的視線注視下輕鬆自如，你也可以最大限度地接受別人眼神傳遞出來的資訊。

眼珠子朝上狠盯著人看的人，內心充滿憎惡

有一種人總習慣眼珠子朝上緊緊地盯著人看，如果你遇到這樣的人，通常會被他們的眼神煩擾得不安，這些人通常是因為受到精神上的或者某種原因的逼迫，才會帶著這樣憤憤的眼神看人。在這樣的情況下，他的內心充滿著他人的憎惡。有這種眼神的人，許多都是因為經歷了生活的不幸遭遇所致。

例如，有這樣眼神的人，大多都是從幼年時期便開始遭受親人的虐待或遺棄，或者在成長的過程，很長一段時間一直遭受別人的歧視，或者經常被朋友或同學欺負等等原因，所以對人一直懷有憎恨的態度。正因為有這樣的生活經歷，所以他們習慣過著低頭的生活，然而，心中的憤怒之火卻是長久不熄的。所以，他們習慣低著頭，用眼珠子朝上看的方式狠瞪著別人。

CHAPTER 2

習慣會出賣你，潛意識所透露出的訊號

習慣眼珠子往上緊盯別人的人不論什麼事情都想跟別人比較，總覺得別人好像虧欠自己似的。有很強的自尊心，遇事不想輸給別人，競爭意識太強。性格過於倔強，一旦在人際交往中遇到不順他們意的人，或者遇到陷他們不利境地的人，他們便用這種眼珠子朝上看的方式瞪著別人。

生活中，還有另外一種人，他們在初次見面的時候，就用眼珠子朝上看的方式狠盯著別人。這樣的事可以發生在在初次見面交換名片的時候，如果和這樣的人接觸，在他們的周圍會洋溢著不自然或者說不友好的、怪異的氣氛。如果他們能夠很自然地和你打招呼，這種氣氛就會漸漸消散。之所以他們這樣怪怪地看你。是因為他們在猜測、懷疑你。

這樣的人通常是下意識地做出這樣的動作。還有一些是在低著頭表示敬意時，眼睛卻偷盯著你的臉或眼睛，這樣的人心理優越感很強，從不考慮別人的感受。無論哪一種類型，使用眼珠子朝上緊盯著別人，這樣的行為舉止都是不禮貌的，往往表明動作實施者內心充滿憎惡，不滿。

對方與你的身體距離，折射出對你的心理距離

小萍是一個推銷保健品的業務員。一天，她在社區裡遇到了同一棟樓的王大媽，因為是鄰居，所以她向王大媽介紹保健品的時候格外熱情。在整個講解的過程中，她不斷拉王大媽的胳膊、搭肩膀、貼耳說話，想要王大媽快點買她的保健品。可是適得其反，王大媽緊縮雙眉，小萍向她靠近一步，王大媽就退後一步，始終和小萍保持著一定的距離。最後，王大媽婉拒了小萍推銷的產品。

從例子中可以看出，王大媽的身體語言曾多次暗示小萍，她並不想買小萍的產品，她對小萍並不信任，可惜小萍沒有讀懂。有個很簡單的技巧可以判斷你的談話對象是否信任你，即在你們站定後，如果你輕輕上前一步，想

拉近你們的距離，而對方卻後退一步，這很明顯他對你有戒備心，他並不信任你；如果這時你還不識相地再進一步，他會愈發不信任你，他每退一步，就對你的信任打了八折。

人與人相處需要一定的距離，想讓對方信任你，先要保持「讓對方舒適」的距離。這點，人和動物其實是相似的。叔本華曾經講過一個刺蝟哲學。一群刺蝟在寒冷的冬天相互接近，為的是透過彼此的體溫取暖以避免凍死，可是很快牠們就被彼此身上的硬刺刺痛，相互分開；當取暖的需要又使牠們靠近時，又重複了第一次的痛苦，以至於牠們在兩種痛苦之間轉來轉去，直至牠們發現哪種適當的距離，使牠們能夠保持互相取暖而又不被彼此刺傷為止。

根據叔本華的這一比喻的延伸，人與人之間也應有一定的距離。以日常生活中搭公車為例，如果上車後你發現只有最後一排還有幾個座位，走在你前面的一位乘客坐在了中間，旁邊還有四個座位，這時，你會坐在哪裡呢？一般情況下，你多半會坐在兩邊靠窗戶的座位上，而不會緊挨著那位乘客坐下。這是因為人在潛意識裡會不知不覺地和不熟悉的人保持一定的距離。人類學家將人類的這種距離關係劃分為四種：

1、親密距離

這是你和他人交往中的最小間隔，即我們常說的「親密無間」，其範圍在十五公分之內，彼此間可能肌膚相觸、耳鬢廝磨，以至於相互能感受到對方的體溫、氣味和氣息；其遠範圍是十五～四十四公分之間，身體上的接觸可能表現為挽臂執手，或促膝談心，仍體現出親密友好的人際關係。

2、個人距離

這是人際間隔上稍有分寸感的距離，較少有直接的身體接觸。個人距離的近範圍為四十六～七十六公分之間，正好能相互親切握手，友好交談。這是與熟人交往的空間。如果你以陌生人的身分進入這個距離會構成對別人的侵犯。個人距離的遠範圍是七十六～一百二十二公分，任何朋友和熟人都可以自由地進入這個空間。不過，在通常情況下，較為融洽的熟人之間交往時保持的距離更靠近遠範圍的近距離七十六公分，而陌生人之間談話則更靠近遠範圍的遠距離一百二十二公分。

3、社交距離

人際交往中，親密距離與個人距離通常都是在非正式社交情境中使用，在正式社交場合則使用社交距離。這已超出了親密或熟人的人際關係，而是體現出一種社交性或禮節上的較正式關係。其近範圍為一百二十公分～兩百一十公分，一般在工作環境和社交聚會上，人們都保持這種程度的距離。

4、公眾距離

這是公開演說時演說者與聽眾所保持的距離。其近範圍為三・七～七・六公尺，遠範圍在七・六公尺之外。這是一個幾乎能容納一切人的「門戶開放」的空間，人們完全可以對處於空間的其他人「視而不見」、不予交往，因為相互之間未必發生一定聯繫。因此，這個空間的交往，大多是當眾演講之類，當演講者試圖與一個特定的聽眾談話時，他必須走下講臺，使兩個人的距離

習慣會出賣你

從司空見慣的動作裡

透視人心

縮短為個人距離或社交距離，才能夠實現有效溝通。

當然，人際交往的空間距離不是固定不變的，它具有一定的伸縮性。生活中，你要關注談話對象的肢體語言，因為隨便進入他人的「親密範圍」，不光會使他對你的信任度降低，還會使他對你的反感加深。

從腳尖的方向看對方是否對你感興趣

我們在閱讀身體語言時，很容易忽略腳尖的指向。似乎腳在地上的擺放位置只是一種天然的習慣，沒有更多的深意，所以腳尖朝向也就不值得探討。實際上，當人類的上半身在自身潛意識的作用下發生偏移的時候，他們的下肢也會隨著移動。

我們對身體語言的研究通常會重點關注上肢動作，例如手勢等。但其實，下肢動作更能反映人的內心，下肢動作也很難撒謊。大部分人在注意了自己的上肢動作後都很難顧及到下肢的動作。於是內心最真實的想法就很容易透過下肢動作流露出來。比如他的腳尖就會不由自主的朝向他關注的事物。例如，幾個朋友一起結伴到餐館吃飯，他們圍坐在一張桌子旁邊。從桌子上方看，他們互相之間都有著融洽和諧的關係。而從桌子下方，則有了不同的場景。另外的幾個人的腳尖都朝向了其中的一個人，由此也看出，這個人才是這群人中間的主角，他才是大家的興趣所在。

因此，如果你在和人交談的時候，發現他們的腳尖正對著你，這基本可以斷定，他們對你和你所說的都非常感興趣。如果興趣加深，他們會將一條腿自然伸向你，腳尖也指向你。腿伸向你是腳尖朝向的強化動作，後者只是微微表露了心意，而將腿伸向你則是向你明確的示好。

當你與對方談話時，無論他是對談話內容還是對你感興趣，他們都會把腳伸向你，腳尖指向你。反之，如果他們感覺興味索然，他們就會縮回自己的腳，腳尖甚至指向與你相反的位置。如果你們是坐著談話，這樣的行為更加明顯。當他們不想發表談話，也懶得附和你的意見時，他們就會把腳收回，有時候他們甚至會交扣著腳踝放到椅子下面，呈現出一副封閉式的姿勢。

此外，如果你細心觀察會發現，人類在行走時，腳尖的朝向會有所不同，也就是我們常說的「外八字」和「內八字」之分，如果排除生理缺陷等原因，這些行走中的腳尖朝向也在一定程度上反映了他們的性格趨勢。

如果一個人習慣用「外八字」的姿勢走路，也就是腳尖往外偏的幅度很大，說明他會被一些無關緊要的小事所吸引。他有很強的獵奇心理，為了得到更多的資訊，他甚至願意繞道而行，這樣的人比較容易敞開心扉，容易接納新的事物。所以如果你和他交談，他比較容易對你產生興趣。

「內八字」使得腳尖朝向裡，給人可以隨時剎車的感覺。如果一個人習慣用「內八字」的姿勢走路，表明這人經常猶豫不決，做事小心翼翼。如果他的上身姿勢也經常是封閉性的，那麼他的內向、拘謹的性格特徵就更加明顯了。他永遠是副憨實厚道的樣子，但這樣的人在厚道的外表下，並不顯得沉靜。他平常留意生活中的細節，事事喜歡按部就班地進行，如果有突發事件發生就會大亂陣腳，而顯得手足無措。如果你讓他成為被人矚目的焦點，他甚至會渾身不自在，因為他往往只追求平淡的生活。你和他交談，他也很

習慣會出賣你
從司空見慣的動作裡透視人心

難真正對你產生興趣。

儘管人類用鞋子遮住了雙腳，但是它們仍然是有活力的身體部位。當人類的情緒發生變化的時候，雙腳能第一時間做出反應。

腳踝相扣，是為了抑制緊張的情緒

作為身體語言的一部分，腿腳的動作細節也在訴說著無聲的語言。如果你和別人交談時發現他的腳踝相扣，這表示他對你持有的否定或防禦的態度，他做這樣的動作是為了抑制緊張的情緒。

更有趣的是，當談話對象腳踝相扣時，他的內心往往會產生「緊咬雙唇」的潛意識。由於他內心缺乏把握或者是恐慌害怕，彼此雙扣的腳通常會被悄悄地挪到椅子底下，與此相對應的就是沉默寡言的態度。因此，腳踝相扣體現的是一種消極、否定、緊張、恐懼，或是不安的內心情緒。

如果一個人做出腳踝相扣的動作，則表明他在心裡極力克制、壓抑著自己的某種情緒。比如在法庭上，開庭之前，幾乎所有的涉案人員就座在各自位置上，他們通常會雙腿交叉，呈現出不是很緊張的狀態。而在審判的過程中，被審人員為了減輕心中的壓力和消除自己心頭的恐懼、恐慌情緒，卻會將腳踝緊緊地靠在一起。這就無疑顯示了他們緊張、恐慌的心理。

再如面試時，如果你留心一下參加面試人員的腳部情況，你就會發現，很多人幾乎都會做同樣的姿勢——把踝骨緊緊鎖在一起。這個姿勢就洩露了面試者心理情緒狀態，即他們在努力克制自己心頭的緊張、壓抑、恐慌等情緒。此種情況下，為了讓面試者控制好情緒，面試官就會暫時岔開主要話題，或者直接走到面試者旁邊坐下，以拉近彼此間的距離，進而讓其消除心頭的壓抑和緊張。如此一來，雙方就能在一個相對輕鬆、友好的氛圍中進行交流了。

在公共場合中，我們常常看到夾緊雙腿、腳踝相扣的人，尤其是那些身著短裙的女性。雖然我們可以從避免走光的角度出發去推測女性緊夾雙腿姿勢的含義，但實際上，短裙並不是關鍵的原因。從一些並沒有穿短裙的女性身上，你還是可以看見這些動作。比如，她們會忽然把腳踝扣在一起，雙膝併攏，兩隻腳置於身體同一側，雙手並排或是交疊著輕輕放在位於上方的那條腿上。做這些動作，其實說明實施者感覺緊張或不安全。當她們感到舒適時，她們會自然地打開自己的腳踝。

當然，由於性別的不同，男性在做這一動作時存在一定的差異性。男性在鎖定腳踝時，通常還會雙手握拳，並將其放在膝蓋上。有時，一些男性則用雙手緊緊抓住椅子或沙發兩邊的扶手。但是無論是女性還是男性，這樣的動作無疑表明他們正在努力克制自己內心的緊張。

腳踝相扣除了表示一個人在心裡進行自我克制以外，它有時也是一種躊躇不決的信號。比如，在談判的過程中，如果你是個經驗豐富的談判專家，在你看見對方做出踝部交叉的姿勢後，你應該感到竊喜，為什麼會這樣呢？因為這個姿勢表明對方心裡可能隱藏一個重大的讓步，只是他現在心裡搖擺不定，究竟要做多大的讓步才合時宜。此種情況下，如果你立即向對方提出一系列試探性問題，並採取一切可能的措施，對方會很快改變這種猶豫不決的體式，最終做出較大的讓步。

如果有人對你做這樣的動作，無論是緊夾雙腿，腳踝相扣，這都表示他很緊張、焦慮、不安。這些姿勢是封閉性的，他沒有準備好和你好好交流。你需要做好心理準備，你和他的對立局勢可能會延長。

先邁左腿人感性溫和，先邁右腿的人理性強勢

科學家研究發現，人的大腦右半部支配著人體左半身的活動，負責管理音樂、聲音、色彩、想像等認知，一般被稱為感性腦；而左腦則被稱為理性腦，它支配著人體右半身的活動，負責理性思維、分析、文字、推理、判斷等面向。而右腦左腦何者佔優勢，則明顯表現在我們的肢體動作上。

以走路時邁腿這個動作來說，習慣先邁左腿的人，通常是右腦（感性腦）為主導，他們的肢體動作較溫和，他們善良、熱情、比較有耐心，會主動幫助別人。而習慣先邁右腿的人，以左腦（理性腦）佔優勢，他們的動作較強勢，凡事重邏輯，遇到事情傾向於反覆思考、比較後再做決定。

生活中，還有很多鮮活的身體語言向我們展示了左右腦主控下的慣常動

作的含義。現在，讓我們一起來看看吧！

1、浪漫的左撇子，健忘的右撇子

如果你的交流對象是個左撇子，你可以感受到他的浪漫。慣用左手的他很容易接受抽象概念，容易受到影像、聲音、人物的影響，大腦的注意力廣而分散。他的記憶力也不錯，在聽你說話的時候他甚至能把你的話前後對比，來確信你是不是前後矛盾，所以有人說不要欺騙左撇子。

能讓左撇子感興趣的事，大多是感性或圖形化的，他喜歡心靈相通的浪漫情境。反之，如果你的交流對象是個右撇子，即慣用右手的人，你會感覺到他很理性，他很注重邏輯性，他甚至會專注於你所說的每一句話，以便於細細推敲你的話。他用腦特點是將看到或聽到的資訊、畫面等，以理性方式記憶，所以相當花時間。

2、感性的左腿翹，理性的右腿翹

如果你和他人正在交談，你發現他兩腿交疊，左腿在上方，即左腿翹。

你要理解，他更喜歡你在談話中說點感性的話語。例如：「我們今天能碰在一起真有緣啊！」「你看過某某動畫片嗎？」……這些話題往往能引來他的滔滔不絕。反之，如果對方的右腿在上，即右腿翹，他往往會希望你能多說一些理性分析的話題。對數字比較敏感，也習慣用刻板的印象來判定事物，較容易產生先入為主的觀念。

在與人交流中，熟悉了人的左右腦主控下的慣常動作，我們既可以瞭解先邁右腿的人理性強勢的一面，也可以用語言喚起左撇子感性的一面。這些習慣的動作往往是他們潛意識裡最原始、最深層的想法。

用一條腿支撐身體的重量，表示想告辭了

雙腿遠離頭部，人們對它們投入的注意力往往很少。殊不知，人的腿部動作是豐富的資訊源，能夠洩漏出人們內心的祕密。

想像一下，如果你是個十分健談的人，你正對朋友滔滔不絕地描述最近一次出國的經歷，而他要趕著參加一個同事的婚禮，你興致正起拉著他不放。你能猜到他會是什麼姿勢？是的，他會做出「稍息姿勢」，即把身體的重心放在一條腿上，這是一種意圖線索，表明他想要告辭了。

用一條腿支撐身體重量的姿勢，有助於我們判斷一個人當下的打算，因為休息的那條腿，腳尖所指的方向，往往是離他最近的出口位置。如果你在和他人談話時發現，他改用了稍息姿勢，那就表示他想結束談話，他要離開

了。

除了稍息姿勢，還有其他的身體語言表明談話者想終止談話、想要離開的意願。

1、起跑者的姿勢

起跑者的姿勢也傳達出想要離開的願望。表達這種願望的肢體語言包括身體前傾，雙手分別放在兩個膝蓋上，或者身體前傾的同時兩手分別抓住椅子的側面，就像在賽跑中等待起跑的運動員一樣。這時你如果注意觀察他的雙腳，通常是兩腿前後分開，一隻腳前腳掌著地，腳跟高高抬起。在你和別人交談的過程中，只要你看到他做出這樣的動作，這就是他想要離開的標誌。他的身體分明在說：預備，腳踩在起跑線上，我要告辭了……

2、兩腿不停地換邊

這種情形在開會時常見，通常他們的腿是交疊的，不停地換邊，一會這條腿壓在了那條腿上，一會又按照相反的方向重複交疊，看起來有點像「尿急」的感覺。這是他們想要趕快結束，著急離開的標誌。

3、兩腿交叉，手腳打拍子

兩腿交叉和著手腳的拍子，顯出了他們的焦急，他們的身體語言分明是向你表明：快點吧，快點結束吧，我要走了，再不快點，我要逃遁了。

總之，很多時候人們出於禮貌不會直接說想要離開，但他們的腿部語言不會說謊，如果你看不懂他們身體的這些「明示」，很可能會被歸類在不識相的白目一族裡！如果你發現對方這些硬撐下去的動作，那你要識趣一點，他們是要告辭了。

腳尖向上翹起的人，聽到了好消息

當人們感到高興或幸福的時候，會飄飄然，整個人會有一種被向上提升的感覺。如果讓你畫一副笑臉，你是不是首先會畫上向上翹的嘴角？其實，當一個人感到高興或幸福的時候，上翹的不止嘴角，還有他的腳尖。對於興奮的人來說，重力好像不起作用了。

在我們所處的環境中，背離重力作用的行為每天都會走進我們的視線。例如，觀察一下你身邊悠閒打電話的人，如果他在聽完電話後，把本來平放在地上的一隻腳換了一種姿勢，他的腳跟還處於著地的狀態，腳掌和腳尖卻向上翹了起來，腳尖指向天空方向。不要以為這樣的動作稀鬆平常，其實，這表示講電話的情緒不錯，他正聽到或者講到什麼令自己非常高興的事。他的身體動作分明散佈著這樣的語言資訊：棒極了，簡直太好了！這種動作代表的心理狀態和向上跳躍、歡呼是相似的。

在解讀身體語言的時候，很多人都習慣從表情開始，其實，表情透過訓練可以人為控制，但腳的細節動作卻很少有人去刻意控制。大部分的人對腳的動作不太關注，不會考慮偽裝或掩飾。因此有人說雙腳才是人身體上最真實的部分之一，它們真實地反映人的感覺、思想和感情。

讓我們看看其他傳達快樂情緒的雙腳吧！

1、顫動的雙腳

如果你發現一個人的雙腳在顫動或擺動，甚至他的襯衫和肩膀也會隨著顫動，這是他心情大好的標誌，這些細微的動作正向你表明，他很輕鬆、愉悅、滿足。很多人在聽著美妙的音樂時會抖動雙腳，也是這個道理。

2、把玩鞋子的腳趾

做這個動作的以女性居多，當感到愉快的時候，女性常常會把玩鞋子，她們有時候會用腳趾將鞋子挑起再放下，如此反覆。或者將鞋子挑起來搖晃。

3、戀愛的幸福雙腳

如果你細心觀察情侶桌下的腿腳，你會發現，他們會用腳部的接觸或輕撫來表達彼此的好感，搓擦對方的雙腳或用腳趾輕觸對方。做這樣的動作表明他們很舒適、心情愉悅。

4、交叉放鬆的雙腳

你和朋友交談的輕鬆愉快，你會發現，他改為雙腿交叉的姿勢站立了。這是他感到輕鬆愉快的標誌。你們的關係很好，他可以卸下防備，完全放鬆下來。

總之，腳部傳達的信號是誠實的，很難作假。你可以抓住對方一個不經意的腳部動作，進而明察秋毫，看穿他的情感趨勢和真實意圖。

走路緩慢躊躇的人，缺乏進取心

生活中，我們常常可以看到一些人在走路的時候緩慢而躊躇，他們一副心事重重的樣子，走路猶猶豫豫，彷彿前面有陷阱等著他似的。即使有十萬火急的事催他，他也一樣慢吞吞，就像「怕踩死螞蟻」似的。他們屬於典型的現實主義者，為人軟弱，缺乏進取心，逢事顧慮重重，有點杞人憂天。

走路時彷彿身處沼澤地的他們，大多性格較軟弱，遇事容易裹足不前，不喜歡張揚和出風頭；顧慮重重，絕不敢做第一個出頭的人，結果往往錯失良機。但是，也正是因為他們的性格特點，所以走路舉步緩慢的人做事謹慎，他們憨直但無心機，十分重感情，一旦他認定你是他們朋友，他們會當你是一輩子的至交。他們凡事講求穩妥，喜歡凡事「三思而後行」，從不好高騖遠，

CHAPTER 2

習慣會出賣你，潛意識所透露出的訊號

他們喜歡腳踏實地，穩紮穩打。

走路緩慢躊躇的人，一般時間觀念不強，他們不懂得去爭取時間，因為他們沒有太大的上進心。他們不光在走路時表現動作緩慢，在做其他事情時也是這樣，總是一副不要緊的樣子，讓旁人看在眼裡時總想催促他快些，再快些。他們總是在想：「你管我是快是慢，不管怎樣，我能完成任務就行了。」他們並不去想什麼時候能升職，什麼時候能加薪之類的問題。他們懂得「知足者常樂」，不喜歡忙忙碌碌的生活，看別人為生活忙碌奔波，他們甚至還會無法理解的問：「你們幹嘛把自己搞得緊張兮兮？」雖然他們進取心不大，但做起事來還是比較穩妥的，如果在事業上得到提拔和重視的話，肯定不是他們有什麼「後臺」，而是他們那種務實的精神給自己創造了條件。

然而，有時候他們也並不一定就做得好。他們喜歡按部就班，少動些腦筋。做起事來可能相對於動作快的人會少犯點錯誤。所以儘管他們做得慢，但一些細節上的問題他們也常常考慮不周全。他們通常沒有什麼遠大的抱負，

習慣會出賣你
從司空見慣的動作裡
透視人心

沒有什麼崇高的理想，安於現狀，一般得過且過，雖吃不飽但餓不死就行了。他們的觀點是「耳聽為虛，眼見為實」，所以一般不輕易相信別人的話。但他們特別重信義、守承諾，你把他們當做朋友相當不錯，不過你千萬別欺騙他們，否則有一天被他們發現了，他們會發誓一輩子記恨你。

走路連蹦帶跳的人，往往純真活潑

走路連蹦帶跳的人，一般都是純真無邪、有小孩子性格的人。他們的天真無關乎年齡的大小，總會保留著一些小孩子的特質。他們時而頑皮，時而任性，時而率真，時而傷感。一般不會隱藏自己的心思，有什麼心事都會流露於外表。

走路連蹦帶跳的人，一般性格比較外向、開朗熱情。待人方面，他們熱情誠懇，率性自然。做事方面，他們光明磊落，胸懷坦蕩。即使是女性也有著一副俠義心腸。如果你和他們做朋友，絕不會感到疲憊，無時無刻你都會感受到他們的真性情，在交流與溝通上不會有障礙。所以，他們的人緣很好，一起談心、聊天的朋友也很多。

習慣會出賣你

從司空見慣的動作裡透視人心

走路連蹦帶跳的人，一般是手舞足蹈、一步三跳且喜形於色。有時候人們有這樣的反應，也有可能是聽到了某種極好的消息，或得到了意想不到的、盼望已久的東西。他們城府不深，不會隱藏自己的心思，有時候也很喜歡表現自己，常常希望得到別人的讚揚和關注，希望自己成為朋友圈子裡的核心人物。如果能有一些「拋頭露面」的活動，他們一定會樂於參加並十分熱衷。比如一些舞蹈比賽、歌唱擂臺，他們都會興奮地參與，並且不會扭扭捏捏的，會十分放的開。他們知道如何取悅和打動觀眾和評審委員，而且通常能成為最後站在領獎臺上的人。

不過，你不要以為他們沒有什麼心機就去招惹他們，當他們耍小孩子脾氣時，會十分難纏，他們可能會任性地大鬧，不分場合，也不會考慮怎麼給你臺階下來。在他們的印象裡，沒有什麼應該不應該，他們會完全隨著性子來，情緒來了誰也擋不住。

生活中，我們還會遇到另外一種人，他們不光喜歡蹦蹦跳跳地走路，有時候還習慣橫衝直撞。他們不管上面有多少人，一律長驅直入，而且從來不顧及他人的感受。一般來說，這樣的人性情急躁，辦事風風火火。他們多少也帶一些孩子氣，一般比較坦誠率真，喜歡結交五湖四海的朋友，講義氣，不會輕易做出對不起朋友的事。

所以，當我們看到有誰走路連蹦帶跳時，甚至橫衝直撞，便可知道這有可能是個有著小孩子性格、比較任性、率真，不會隱藏心思的人。

走路文氣十足的人，不會輕易動怒

文氣十足的人走起路來不疾不緩，雙足平放，雙手輕鬆擺動，不會忸怩作態，步態斯文，極富教養。

這些人通常性格溫順，膽小怕事，沒有遠大的理想，保守而近乎頑固，喜歡平靜和一成不變，所以總是原地踏步和維持現狀。但遇事沉著冷靜，不輕易動怒。

走路文質彬彬的人，他們在面對困難的時候，能夠保持頭腦的清醒。不希望自己被帶進任何有感情色彩的世界裡，他們相信自己的理智，不希望被感性的東西左右自己的判斷力和分析力。

在別人面前，他們總保持著理性和自控的姿態，因此能受到別人的尊重。

對待別人的誇獎，他們可以欣然接受，但不露聲色。他們平時的言談舉止都會儘量溫文爾雅，做事小心謹慎，絕對不會留給別人一種粗俗不堪的印象。

一般來說，以這種姿態走路的女人多屬於賢妻良母型。她們喜歡順其自然，沒有過高的追求，多喜歡相夫教子。而走路文質彬彬的男人則非常穩重，他們有時候也會覺得自己戴了面具，感覺很累，但為了保持自己的尊嚴和一貫的禮貌，他們很難在人前哈哈大笑。如果要他們不去關注禮節，那簡直會要了他們的命。

在人面前，他們習慣對自己的身體形態進行嚴格的控制；在獨處時，他們卻感到孤寂、壓抑。他們收穫了人們的敬畏，也瞭解了人情冷暖。這樣的人還十分關注別人對自己的評價，他們十分注意保持尊嚴，對待自己的一言一行都十分嚴厲，不允許出現半點的差錯和放鬆，希望自己的一舉一動都可以成為他人的榜樣。具有相當堅強的意志力和高度的組織能力，對生命及信念專注固執，不易為別人和外部環境所動。

總之，走路文氣十足的人總給人彬彬有禮的感覺，即使是走路，他們也會關注自己的手足協調性。他們待人禮貌，遇事不爭執，也不會輕易動怒。因此這樣的人適合主持行政工作。有地位，有身分，這往往是他們全力追求目標。

Chapter 3

身體最誠實，人體姿勢所傳達的信號

坐姿開放的人其實心中早有定見

家裡來了客人，我們首先要請客人「上座」。殊不知，小小的坐姿大學問，一個人的坐姿，由於是從小到大習慣的累積，可以看出一個人的性格和情緒。坐姿多種多樣，有的人是不管何時都端坐直立；還有些人身體前傾，靠近桌沿；有的人則是全身後靠，雙腿叉開；有些人會小心翼翼地坐在椅子前部；有的人將屁股全坐在椅子上，還有人乾脆是悠閒地半躺在椅子上……這些坐姿都是判定他們心情的可靠依據。

在很多商業活動中，經常可以看見這樣一幅場景：西裝革履的買方遠離賣方，後靠在椅子或沙發上，雙腿叉開，一副捨我其誰的樣子。聽著賣方在那不厭其煩地做著推銷，看著賣方誠懇的笑容，他似乎胸有成竹，於是稍微

CHAPTER 3
身體最誠實，人體姿勢所傳達的信號

咳了一聲表示自己不準備買或接納賣方提供的商品。由此可見，雙腿叉開的坐姿展現的是開放、支配的態度，坐姿開放的人往往心中早有定見，他一般不會認同你的觀點，只會相信自己。

開放的坐姿也常見於領導者身上，這表示對方自認占了上風。他們往往會儘量將身體往後坐，「怎麼舒服怎麼來」，這也表明他們較自信，處事冷靜，不會輕易地改變決定。叉開的雙腿表明他們樂於交談，他們很外向，樂於聽聽你的想法，但是並不代表可以輕易接受你的意見。

有時候，與人交流是沒有硝煙的戰爭，如何讀懂他人？取得他人的信任？看似隨便的坐姿，好像是無心的臀部與椅子的接觸面積，往往都可以幫助我們解讀出他人的性格和心理狀態。讓我們看看其他的坐姿傳導出的資訊吧！

1、坐姿端正直立的人小心翼翼

這類型的人往往小心翼翼、有條不紊、精力充沛。你會感覺他們就像是上足了一天的發條一樣緊繃，毫不鬆懈。這樣的坐姿也是禮貌和防衛的，他們沒有對你完全開放。與之交流，你需要留給他們一點空間，讓他們思索。

2、坐姿封閉的人疲累抗拒

如果你的交談對象把全身都後靠在沙發上，並且雙腿併攏。這是他疲累抗拒的表現，這種封閉的坐姿表明對方還不認可你的話，他想搞清楚一些狀況，但是沒有頭緒。他嘗試著用舒服的姿勢和你繼續抗拒。

3、全身歪一側的人心中不滿

交談中你會發現，有些人坐著坐著，全身就歪向了一側，他們將身體重重地靠在沙發扶手上，這是他們心中對你不滿的表現。他們往往是對你談話的內容感到不耐煩，覺得你浪費了他們的時間。

有的時候，這樣的姿勢還會配合著手掌撐著下巴，有時會握拳，這都表明他們聽累了，聽煩了。這類人喜歡新鮮感，如果你的說詞沒有新鮮感，他們會直接表明不想再聽。

4、身體前傾貼近桌沿的人馬上投降

如果你的談話對象出現身體前傾，上身貼近桌沿的身體語言，這表明他正全神貫注地聆聽你的話，腦子裡正高速的思索著你提出的問題，並且你已經快打動他了。他也許也有點想拒絕，但是找不到說服自己的理由。

5、淺坐椅子的人小心翼翼

有些人即使是在熟悉的環境坐著，也會像當兵一樣只坐椅子的前三分之一。這類人通常在生活上嚴謹、規律，但欠缺精神上的安定感。與這樣的人交往，你會發現，他總是無意識地表現著弱於你的劣勢。對於持這種姿勢而坐的客人，如果同他談論要事，或託辦什麼事，還為時過早，因為他還沒有定下心來，好像隨時都會逃跑一樣。

6、坐滿椅子的人信心十足

有些人在接觸到椅子後，會儘量後坐，臀部占滿椅子的所有面積，兩手放在肚臍的位置。這類人往往信心十足。他們堅毅果斷，一旦考慮了某事，會立刻行動。他們的獨佔欲望很強，你和他交流之後會發現，他甚至會干涉你的想法。

7、半躺椅子上的人怡然自得

如果你的交談對象半躺在椅子上，雙手抱於腦後，擺出一副怡然自得的樣子。你可以肯定他朝氣蓬勃、積極熱情，豪爽奔放，他做任何職業彷彿都得心應手。但他比較自負，好學卻不求甚解，做事比較急躁。

瞭解了一個人身體坐姿的含義，除了可以幫助你和對方進行順暢的交流外，還可以讓你更快地走進他人的內心世界。

蜷曲身體睡覺的人壓力重重

睡眠幾乎占去了人一生三分之一的時間，人在睡眠的過程中是潛意識最容易浮現的時候，因此睡姿也是一種無聲的語言，可以看出一個人的性格和心理，對身邊親密的人，我們可以透過其睡姿對其做更深入的瞭解。醫學上的研究也顯示，一個人的睡姿與其心理、生理狀態有不可忽視的聯繫。

雯雯近來工作不順利，她每天工作到很晚才睡，而上司又給了她很大的壓力。最近，丈夫發現她的睡覺姿勢與以往有了很大不同，從習慣仰睡變成側身蜷縮，有時下巴和膝蓋幾乎要靠在一起了。細心的丈夫詢問當心理醫生的朋友，朋友告訴他蜷曲身體睡覺的人往往感到壓力重重，可能是雯雯最近遇到了困難。

從例子中可以看出，雯雯蜷曲的睡姿彷彿把身體的內臟部分掩藏起來，這樣的姿勢在心理上給予人一種安全感。繁重的工作壓力讓雯雯內心充滿了焦慮和擔憂，所以即便在睡夢中也出現了強烈的自我保護意識，把自己包裹起來。

蜷曲的姿勢與嬰兒在母親子宮中的姿態很相似，對壓力重重的人來說，這樣的姿勢有著充分的安全感和舒適感，借此可以緩解內心的重負。如果接觸這類人你會發現，他們往往缺乏安全感，正在遭受壓力的折磨，獨立意識比較差，渴望得到保護。對某一熟悉的人物或環境總是有著很強的依賴心理，而對不熟悉的人物和環境常常感到有壓力。他們喜歡平靜、安穩的生活。

除了蜷曲身體的睡姿外，還有一些其他的睡眠姿勢也同樣傳達出豐富的資訊。

1、俯臥：自信而有能力

採取俯臥式睡姿的人，大多具有很強的自信心，並且能力也很突出。在大多數情況下，他們都能很好地把握住自己。他們對自己有非常清楚的認識，知道自己是誰，也知道自己該做些什麼。對於所追求的目標，他們的態度是堅持不懈，有信心也有能力實現它。他們隨機應變的能力比較強，知道如何調整自己。另外，他們還可以很好地掩飾自己的真實感情，不讓別人看出一點破綻。

2、側臥：隨心而知足

腳、小腿、膝和腳踝部位完全重合且保持側臥姿勢的人，他們在生活中善於處理各種關係。他們能儘量按照他人的要求去做，因而能獲得人們對他們的好感。喜歡側臥的人是個漫不經心的人，但不能說這種人對生活不投入，因為很多時候他們只會當一個生活的旁觀者。他們屬於情緒型的人物，總是處在情緒的波動之中，做事情時感情色彩對他們的影響比較大。不過他們也有自己的長處，能很快忘記剛剛遇到的不快，而重新做自己的事。你會容易與這種人和平共處，和他們打成一片。

3、靠邊式：善於維護自己的權利

這種人不善於維護自己的權利或堅持自己的主張，而且他們的理智常否定他們沒有依據的感覺。他們常覺得財產和朋友就要被別人搶走了，但理智上知道事實並不是這樣。如果你和他們成為朋友，你會很累。他們看到你升遷或進步，會感覺到威脅，但卻安於現狀，不會奮起直追。

4、握拳而睡：自我防衛意識強烈

握著拳頭睡覺的人比較少，但也並非沒有。這種人在睡覺時握著拳頭，彷彿隨時準備應戰，這是心裡比較緊張的一種表現。這一類型的人如果把拳頭放在枕頭或是身體下面，表示他正試圖控制這種積極的情緒。如果是仰躺或是側著睡覺，拳頭向外，則有向別人示威的意思。接觸後，你會發現他們的性格多數是脆弱的，很難承受某種傷害。他們會對你比較冷漠、內斂。

5、仰睡：快樂大方

喜歡仰睡的人多是十分快樂和大方的，在兒童時代通常是家庭中關懷和注意的中心。他們有安全感、自信心和堅強的性格。他們為人比較熱情和親切，而且富有同情心，能夠很好地洞悉他人的心理，懂得他人的需要。他們性情坦率，樂於助人，也樂於接受別人的幫助。

在思想上他們是相當成熟的，對人對事往往都能分清輕重緩急，知道自己該怎樣做才能達到最好的效果。他們的責任心一般都很強，遇事不會推脫責任而選擇逃避，他們對一切事沒有任何藉口，而是勇敢地面對，甚至是主動承擔。如果和他們接觸，你很容易就接受及尊敬他們。他們對各種事物能夠作出準確的判斷，也會為自己營造出良好的人際氛圍。

朝下吐煙圈，必然有心事

抽菸不僅是緩解壓力、釋放心情的手段，有時候，它也是人們內心世界活動的展臺。抽菸對許多人來說，是不自禁卸下面具的「休閒時光」，因此，若能趁此機會偷瞄一眼他人抽菸的動作，你一定能更準確和精妙地瞭解他人的心事。

人們談事情，常常會來根菸。細心觀察可以發現，人們拿菸、抽菸、吐煙的姿勢每次都不一樣，這也表明他們的心情處於不同的狀態。如果你的朋友朝下吐煙圈，與之相應的肯定是答非所問、心事重重。你可以清晰地感受到他情緒消極、意氣消沉、心有疑慮。通常他會邊向下吐煙圈邊人說：「就這樣吧，愛怎樣就怎樣吧！」這是他信心不足或企圖掩飾某事的表現。

一個人抽菸時朝下吐煙圈還是往上噴煙圈，能夠揭示出他對自己所處的環境抱有消極還是積極的態度。當然我們要排除一種可能，你的交談者有時是為了避免冒犯你，所以不對著你往上噴煙圈。

一般情況下，如果一個人對自己所處的環境、所見所聞感到悲觀和猜疑時，他會朝下吐眼圈。朝下吐眼圈，是心事重重的表現。

以打牌的吸菸者為例，如果他抓了一手爛牌，他會朝下吐煙，這個時候他往往是板著面孔的，一副憂心忡忡的樣子。反之，如果他抓到了一手好牌，他會往上吐煙圈，快樂的煙圈洩露了他自信、驕傲的情緒。生活中，朝上吐煙圈的人，多半是積極、自信、驕傲有主見的人，他們胸有成竹，有優越的地位。

不單是吐煙圈能體現人的心情，人們處理香菸的姿勢包括抽菸、捺熄、夾菸等動作，都能顯現出人的性格特點和處世態度。如果你的交流對象是個吸菸者，他吸菸時的姿勢對於你瞭解他的內心世界，有著很重要的參考價值。

例如：

1、邊抽菸邊踱步，內心在交戰

如果你在勸服他人後，發現他一邊抽菸一邊踱步，這表明他的內心正在交戰，你的話已經起了作用，只是他的內心還在掙扎。他自己傾向「可以下決心了」，但又怕遭到別人的反對，通常這樣的人比較優柔寡斷，他需要的是別人繼續的說服鼓勵和贊同支持。

2、吸一口抖一次菸灰，內心焦慮不安

如果你和他談話之後，發現他不停地彈落菸灰，甚至吸一口抖一次菸灰，這表明他的內心有衝突，憂慮不安。也可能是你的勸服條件不能打動他，他在極其焦慮的情緒裡掙扎著。

3、從鼻孔噴煙，或自負或愁苦

如果你的交談對象在抽菸時，他從鼻孔往外噴煙，這往往是自負的表現。這樣向上噴的煙越高，就表示他越自負驕傲，越得意揚揚。但是如果抽菸者總是低頭從鼻孔噴煙，則表示他憂慮、愁苦。

4、沒抽幾口就按熄香菸，想結束交談或心有定數

如果你的交談者，在點完香菸後，沒有按照平常的習慣抽完整根菸就忽然熄滅，這是他想結束談話，心裡有了決定的標誌。不過，如果你的談話對象是在被你激怒的情況下熄滅香菸，這樣的動作則表明他火氣正旺，情緒很不好。

5、抽菸時手掌朝外，外向而健談

如果你的交談者在抽菸時手掌朝外，那要恭喜你！這是一個跟誰都談得來的人。你想讓他安靜一會兒，那是不可能的，他喜歡和你以及各色人等交談。與他交流，點根菸的輕鬆閒聊比正襟危坐的交談要收穫更多。

6、用指腹夾香菸，為人和善老實

交談中，用指腹夾香菸的人頗為常見。看來你要好好感慨下，「天下還是好人多了」，沒錯，這樣夾菸的動作，表明抽菸者是個真實、毫不含糊、

習慣會出賣你

從司空見慣的動作裡 透視人心

值得信任的人。表面上看，這樣的人老實低調，甚至有些保守。其實大多時候，這樣的人都很有信心，能靠自己的力量按部就班地完成工作。

抽菸的行為傳達了微妙的資訊，抽菸的動作也能體現出人的性格和情緒。要想瞭解他們，不妨從那些微小的習慣動作入手，點中他們的穴位。

低頭聳肩的人，膽怯恭順

當一個人低下頭，眼睛看著地面，不讓別人看見他的臉，也不去看任何人的臉，他一定是處於某種消極的情緒當中，有可能是沮喪，也可能是害怕，甚至也有可能是在表達不滿。低頭這個簡單的動作在不同的情形下可以表達完全不同的含義。

1、不自信地低下頭

經常做低頭聳肩動作的人內心缺乏自信，並且不想引人注意。倘若讓他看到一群不太熟悉的同事在一邊談話，經過他們的時候，不太自信的人則會不自主地縮緊脖子，努力讓自己顯得更弱小和不太引人注意，期望對方不要注意到他。

反之如果是自信度高、愛表現的人，這個時候他會昂首挺胸地走過去，希望對方注意到他。如果對方沒有留意到，他也會主動打招呼。而在會議上，不想發言的人也會在老闆用視線巡查時低下頭，為的是避免和他視線相交而引起他的注意。

2、自我保護

關於低頭聳肩的自我保護意味，你可以看看這樣的情形。比如一群孩子在居住的社區裡踢足球，當有人走過他們的時候，孩子突然喊道：「小心，看球。」這時，即便是並沒有看到有足球朝自己飛過來，很多人也會下意識的把頭低下，縮在兩肩之間。因為他們是希望利用這樣的姿勢來保護頭部，以及柔弱的脖子和喉嚨，避免球的撞擊。

大部分人在潛意識裡都清楚這個動作的保護意味，所以當他們可能受到外界攻擊時就很容易做出這個動作，就像鴕鳥遇到危險會低下頭，將頭埋在沙子裡一樣。

3、低頭表示恭順

老闆指著報表上的一個數字問祕書小可，「妳覺得出現這個數字，可能嗎？」小可看了看，發現自己犯了一個明顯的計算錯誤，她把頭低了下去。老闆心軟了，於是說：「下次注意。」

這幅低頭聳肩的動作也經常見於女性身上，而且以年輕的女性居多。她們大多性格溫柔而恭順，在遇到障礙、挫折，或者難堪的狀況下時就會做出這個動作。就像情境再現中的小可，當發現自己犯了很大的錯誤時，因為羞愧，加上害怕老闆的苛責，她便做出了這個動作。這樣的動作也使得她顯得嬌弱，這也是一種潛意識中的祈求憐憫的動作。

4、低頭的消極抵抗意義

低下頭可以表示恭順，有時也可以表示一種消極的抵抗。比如發表講話時，如果對方不看你，並且低下頭，這並不是說明他被你打動了，而是很有可能他很不認同你的話，只是不想直接表達出來，所以用這個動作來消極抵抗。此時，壓低下巴的動作意味著否定、審慎。如果他還有其他封閉性姿勢，比如交叉雙臂，或者雙手緊握，那麼這種意味就更明顯，有時甚至是攻擊性的暗示。

人們的低頭動作與批判性的意見的形成之間也是互為因果的，所以，只要面前的人不願意把頭抬起來或者向一側傾斜，你的觀點幾乎就沒有打動他的可能。有經驗的會議發言人會在發言之前採取一些手段，讓台下的觀眾融入和參與到會議的議題之中。比如用螢幕展示一些視覺性資料，讓大家都抬起頭，進而給內心以潛移默化的積極暗示。

下意識的小動作，傳達或自卑或自信的情感

同事為小雷介紹了女朋友。兩人第一次見面時，小雷比較拘謹，說話行事都反覆拿捏之後再進行。一段時間以後，兩人進展得很順利，小雷也越來越放鬆。說話時開始像往常一樣「手舞足蹈」，加上了很多配合動作。比如拍手、攤開手掌、用手指指指點點。這些動作讓女友很反感，幾次表達不滿。小雷很無奈，這種下意識小動作怎麼控制得了？

有些人與人談話時，只要一動嘴，一定會有一個手部動作，攤雙手、擺動手、相互拍打掌心，等等，好像是對他們說話內容的強調。這樣的人通常做事果斷、自信心強，習慣於把自己在任何場合都塑造成一個領導型人物，自信樂觀，很具有一種男子漢的氣派。但是也容易讓人覺得他控制欲強，喜

歡掌控別人。而情境再現中，小雷的表現就讓女友感到了壓迫感。這些小動作從一定程度反映了小雷有點大男子主義的個性，所以如果女友不是那種順從型的女性就會比較反感了。

每個人的舉手投足都反映了其心態和性格。所以，大家可以透過一個人的一舉一動看透其內心，因為出自無心和習慣，所以更能真切地反映一個人的內心和個性。現在，就讓我們一起來看看人們那些「下意識小動作」！

習慣會出賣你 從司空見慣的動作裡透視人心

1、時常搖頭晃腦

平常生活中人們經常看到「搖頭」或「點頭」，以示自己對某件事情意見的肯定或否定。但如果你看到一個人經常搖頭晃腦的，那麼你或許會猜測他不是得了「搖頭病」，就是神經不正常。

我們撇開這種看法而從另一個角度來看的話，這種人特別自信，以至於經常唯我獨尊。他們也會請你幫他辦事情，但很多時候你辦得再好他都不怎麼滿意，因為他有自己的一套，他只是想從你做事的過程中獲取某種啟示而已。他們在社交場合很善於表現自己，卻時常遭到別人的討厭，對事業勇往直前的精神倒是被很多人欣賞。

2、拍打頭部

拍打頭部這個動作，多數時候的意思是在向你表示懊悔和自我譴責，他肯定沒把你上次交代的事情放在心上，如果你正在問他「我的事情你辦了沒有」，見他有這個動作的話，你也不需要再問了。

時常拍打前額的人一般都是心直口快的人，他們為人坦率、真誠、富有同情心，不過有時候他們有些自卑。在「耍心眼」方面你教都教不會他，因此如果你想從某人那兒知道什麼祕密的話，這種人是最好人選。不過這並不表示他是一個不值得信賴的朋友，相反，他很願意為他人幫忙，替他人著想。這種人如果對你有什麼得罪的話，請記住，他們不是有意的。

3、邊說邊笑

與這種人交談會使你覺得非常輕鬆和快樂，他們不管自己或他人的講話是否值得笑，有時候連話都還沒講完他就笑起來了。他們也並非是不在意與別人的交談，我們只能說這種人「笑神經」特別發達。

他們大都性格開朗，對生活要求不太苛刻，很注意「知足常樂」，而且特別富有人情味，也相當自信。無論走在什麼地方，他們總會有極好的人緣。這對他們開拓自己的事業本來是極好的條件，可惜這類人大多喜愛平靜的生活，缺乏一種樂觀向上的精神，否則這個世界很多東西都該屬於他們的了。

4、走角落

十有八九，這種人屬於自卑型。他們參加各種會議或聚會，總是找個最偏僻的角落坐下，不過要排除那種昨天通宵達旦，今天想找一個不易被人發現的角落打瞌睡的人。

喜歡走角落的人性格大都有比較怪異的一面。如果說他無能，他絕對會做一件事給你看看；如果說他行，他卻非常謙虛；大家都說某件事情不能做，他偏要去試試。這類人最不習慣的是讓他拜訪年輕女性的家，他要站在門前給自己鼓足很久的勇氣才敢敲門。因此，調動這種人工作積極性唯一的辦法就是給他們表揚，讓他們感覺到自己還是有很多長處和優點。

5、抹嘴、捏鼻子

這種動作略嫌不雅觀，不過還沒到有傷大雅的地步。習慣於抹嘴或捏鼻子的人，大都喜歡捉弄別人，卻又不敢「敢作敢當」，他們喜歡作弄別人卻害怕被人作弄。有時候他們有些自卑的情緒，但大多數時候還是開朗樂觀的。他們的唯一愛好是「嘩眾取寵」，眼見你氣得咬牙切齒，他們卻高興得手舞足蹈。從這方面來講，不妨認為他們有點過分。

這種人最終是被人支配的人。別人要他做什麼，他就可能做什麼。如果他們進百貨店或者商場，售貨員最喜歡的就是這種人。也許他根本什麼都不準備買，但只要有人說「先生，這件很適合你喔！」，他就會買下。

腰挺得筆直的人，警覺度很高

冷氣充足的辦公室裡，新上任的王經理坐在辦公桌前翻閱資料。他的腰挺得筆直，後背繃得緊緊的。這樣的坐姿持續了一天，下班時他覺得渾身痠軟。回到家裡，往沙發上一坐。整個身體就陷進柔軟的沙發中，腰背臀都徹底地放鬆了下來。

這樣的姿勢轉換，上班族們都不會陌生。在工作場合的全身緊繃與回到家裡後的全身放鬆有著天差地別。為什麼會有這樣的差別呢？因為腰臀與人的警覺度存在著聯繫。

在工作場合中，人們為了應付繁重的工作，會把精神調整到高警覺狀態，以便隨時應對突發狀況。精神語言很自然地傳達到身體，於是身體保持了一個「預備」姿勢，挺直的後背與緊繃的腰臀都處在「蓄勢待發」的狀態。我們可以回憶我們的祖先在野外狩獵的情形，他們緊盯著獵物，全身緊繃，隨時準備發動攻擊。而起跑線上的運動員也是如此，雙手撐地，腳尖蹬地，只等著發令槍響，他們就能即刻衝出去。這些狀態都與我們在工作中的狀態類似，這也就可以解釋為什麼我們會如此的警覺。

而當我們把一天的工作完成，回到相當熟悉的家中時，這個情形就完全改變了。家是每一個人心靈的港灣，你在這個地方擁有最大的安全感。所以你的大腦暗示你，一切都是安全的。既然不需要應對外界危險或者突發狀況，你的身體也就無法進入到待命狀態了。所以徹徹底底的放鬆下來。

然而，這種放鬆並非弱勢的表現。一般的想法是，當你全神貫注，充滿警覺時，你應對外界的能力也會增加，也就是說挺直的後背和腰臀代表了一種強勢，放鬆狀態的人自然就是弱勢了。但研究顯示，在兩方的會面中，處於弱勢的卻是保持高警覺狀態的人，有些時候甚至是有求於人的一方，而優勢地位常常在放鬆腰臀的人這一方。

這些例子會讓你更清楚地瞭解這一點。比如員工向老闆彙報工作，通常是老闆瀟灑地坐在他的「老闆椅」上，雙手搭在扶手上，一幅很舒服的姿態；而員工則直直地站在一邊，隨時等待著老闆的盤問。或者上門的推銷員和他的顧客之間，也能看到這種姿勢對比。

會面的雙方應該都很清楚雙方的地位，優勢者的放鬆可以算得上是一種炫耀。他清楚地知道對方對他沒有威脅，並且故意做出舒適的模樣，彷彿是在跟對方說：「即便不是最佳狀態我也能應對自如。」而劣勢地位的人用緊繃的身體來表達一種重視會談的意思，他刻意地讓情況顯得正式話，希望引起對方的重視。

拖著腳步的人需要你付出關心

人的走路姿態會洩露他的情緒和性格祕密，步調緩急、腳步大小都很容易受到情緒的影響。

細心觀察會發現，你的身邊有很多人會拖著腳步走路，他們垂頭喪氣，帶著一臉的絕望，他們有時也會低著頭、雙手放在褲袋或環抱胸前。如果他們是你的同事，而你又聽到老闆在辦公室裡咆哮，不用說，看他們從老闆辦公室走出來的樣子，你就會知道同事一定是被狠批了。

沮喪、失落、失敗、剛剛被狠批，這些不幸的語言通通可以用在拖著腳步走路的人身上。這些人很常見，那些股票投資失敗的、生意失敗的，還有生病的老年人，他們走路都是拖著腳步的，兩條腿顯得分外深重。其實，這樣的走路姿勢只是在向你求助：「我很絕望，請幫助我！」他們需要的正是你的關心。

事實上，人的行走姿勢除了和情緒相關外，還和思維存在著密切的聯繫。例如，當我們在討論問題或者思考問題時，很多人習慣在房間裡走來走去。此時的行走並沒有什麼確定的目標，只是擺動著步伐左右挪動，但很多人認為這樣的姿勢可以幫助他們思考。研究身體語言的學者賽彌莫爾肖認為，人要是隨著心臟跳動的節奏來回走動，就能夠在和諧的運動中獲得新的啟示，還可以同時對其進行處理。

行走姿勢反映一個人的情緒狀態和思維活動，內心所想影響著人的行走姿勢。就像我們恐懼時會說：「我被嚇得腿腳發軟」一樣，情感的虛弱是會導致肉體上的虛弱的。

透過觀察，我們是可以透過一個人的腳步幅度和頻率接收到他內心傳達出來的祕密的。現在，就讓我們來看看不同的腳步所反映出來的人的性格和

習慣會出賣你 從司空見慣的動作裡透視人心

情緒吧。

1、大而急促的腳步

在公車站、火車站那些趕去上班的人身上，在急於赴約的人身上，你可以清楚地看到大而急促的腳步。他們甚至一腳跨多層的臺階，或者大步流星從你身邊穿過。這些都表明他們此刻內心充滿焦急，他們在為某事著急，並急於解決這件事。

2、小而平緩的腳步

小而平緩的腳步通常配合著放鬆的臉部線條，他們或沉思，或微笑。這表明對方正在思索，他們內心平靜，或者他們只是在思考工作中未解決的問題。這時，如果你不小心碰到了他們，或許他們會跟你道歉，因為他們多半沉浸在自己的思維世界裡，因此這種腳步常見於下班的人群。

3、小而輕快的腳步

當看到那些略帶跳躍、小而輕快的腳步時，你是不是也會產生一種心情

習慣會出賣你
從司空見慣的動作裡 透視人心

輕鬆的共鳴？這樣走路的人往往面帶微笑，輕哼歌曲，他們心情放鬆，充滿愉悅。

你從他們身邊走過，也會不由自主感染到他們的愉悅情緒。如果你和他們交談，一定會彼此滿意，這將是一個良性的環境氛圍。

站姿，傳遞一個人的心理信號

姿勢一般反映的是個人對自己和他人的看法，站姿也是如此。如果仔細揣摩你就會發現，即使是透過站立這種簡單的動作，也能分析一個人心理信號。

曾有位美國心理學家拍攝了大量影像資料，經過反覆研究分析，證明經由觀察人們不同的簡單站立動作，能捕捉到豐富的資訊符號。

1、標準立正的站姿

這類站姿是較為正式的姿勢，兩腳併攏，自然站立，不表達任何去留的傾向，但多展現服從的情緒。例如，學校的學生們在跟老師說話時，公司的下級跟上級彙報工作時，常採用這個姿勢。經常使用此類站姿的人，性格一般比較溫和，不容易對他人說「不」。在工作中，他們踏實但缺乏開拓和創新精神。每當開會時，他們還會利用同樣的姿勢表示「不置可否」。他們容易滿足，且不爭強好勝，只是在感情上有些急躁。

2、彎腰駝背的站姿

站立時彎腰駝背的樣子，說明這個人承受著很大的壓力，他們缺乏自信，有自我防衛、封閉、消極的性格傾向，或者說他想逃避某種境況或者整個生活，不想承擔某種風險和責任。這也就暗示著他的心理上正處於弱勢，具有不安或者自我抑制的特點。

3、雙腿交叉型站姿

這類站勢是指人們在站立時，雙腿交叉，有的人會同時交叉雙臂。這是大多數人在身處陌生的環境時下意識的一種反應。所以，發出動作者有些拘謹。另外，較熟悉的朋友談話時，若有人以這種姿勢站立，也暴露了他的拘束心理，或說是一種缺乏自信心的表現。所以，經常使用這種動作的人，表明了他拘謹，保守，缺乏自信，不喜歡展現自己的性格特徵。

4、自信型站姿

這類站勢是指站立時，挺胸、抬頭、兩腿分開直立，像一棵松樹般挺拔。一般具有這樣站姿的人都自信且有魄力，做事雷厲風行，並且往往很有正直感、責任感。通常男性多有這樣的站姿，非常受女性喜愛。

5、思考型站姿

這類站勢是指雙腳自然站立，雙手插在褲子口袋，時不時取出來又插進去，就像是在思考著什麼。具有這類站姿的人一般比較小心謹慎，思前想後。在做決定時容易猶豫不決，不知如何是好。工作中，他們一般缺乏主動性和靈活性，不會有效率地進行工作。如果在交談的過程中，有人擺出這種站姿，也表示他有話要說。

這種人在感情上，非常忠貞，從不輕易玷污。他們喜歡幻想，常常會構思未來，也因此不願面對現實和承受逆境，是一個心理脆弱的「理想主義者」。

6、攻擊型站姿

這類站姿指的是將雙手交叉抱於胸前，兩腳平行站立。經常做出這樣站姿的人，通常性格叛逆，具有較強的挑戰意識和攻擊意識。他們無論是在工作還是生活中，都喜歡打破傳統的束縛。他們比別人更敢於表現自己，通常創造能力能發揮得更充分。

7、靠牆式站姿

靠牆式站姿指的是站立時有靠牆習慣的人，他們多半是失意者，對外界缺乏安全感，容易依賴外力來保護自己。他們個性隨和、坦誠，容易與人相處，因此也很容易受到別人影響。

每個人不同的站姿對其精神和心態都有集中的體現。注意觀察對方的站姿，也是我們增進瞭解對方的一個有效的途徑。

坐姿，反映一個人的內心情感

身體語言學家指出，人的身體是一個奇妙的信號發射台，每一個動作都將構成豐富多彩的身體語言。而坐姿也是人類身體與外界溝通的一種途徑，它反映出一個人的內心情感。

坐姿透過有意識或無意識的變化，向外界發送思想、情感資訊，進而解釋人的心態、個性，以及一些觀念。透過坐姿，你可以瞭解他人。

1、喜歡端正的坐姿

習慣將兩腿和兩腳跟緊緊併攏。把手放在膝蓋上、坐姿端正的人，通常性格同姿勢一樣，性情謙遜溫順，為人正派，性格內向。他們對自己的感情非常敏感，隱晦極深，就算與喜歡的人相對，也不會說出太甜蜜的言語。他們秉性純摯，善於為他人著想，所以很有人緣。

2、喜歡古板的坐姿

入座時，將兩腿和兩腳跟靠攏在一起，雙手交叉放在大腿兩側。由於雙手交叉是相對封閉自己的手勢，所以這類坐姿的人為人刻板，很難接受他人的意見。他們缺乏耐心，容易厭煩，凡事都想做得盡善盡美，但往往沒有能力完成。他們愛誇誇其談，缺少實幹的精神。對於愛情和婚姻，他們的觀點都較為傳統，會根據自己構想的「模型」來選擇伴侶，並會在戀愛後很快進入婚姻的殿堂，他們遵循的理念是傳統的「早結婚，早生子，早享福」。

3、習慣於靦腆的坐姿

在坐著的時候，兩膝蓋並在一起，小腿隨著腳跟分開呈「八」字形，兩手相對，夾在膝蓋中間。這類坐姿的人非常害羞，不擅長社會交際，他們感情細膩，卻不會表達感情。

工作中，他們是保守的員工，習慣運用陳舊的經驗做依據，沒有創新和突破的能力，容易因循守舊。在生活之中，他們對朋友十分友善，有求必應，感情真誠，每當朋友需要，立刻就會出現。他們對待愛情的態度則較為壓抑，常受到傳統思想的束縛，被家庭和社會的壓力所累。

4、堅毅型的坐姿

入座時，將大腿分開，兩腳腳跟併攏，兩手習慣於放在肚臍部位。這類坐姿的人有勇氣、有魄力、有行動力，一旦考慮了某件事情，就會立即採取行動。這一點在愛情上也同樣明顯，他們若對某人產生好感，就會積極主動地說明自己的意向。不過，由於他們獨佔欲極強，不自覺地就會干涉戀人的生活。這類坐姿的人屬於不斷追求新生事物、挑戰自己的人，他們適合擔當領導者，具有權威性，並能用自己身上的氣勢威懾他人。

5、怡然自得的坐姿

怡然自得的坐姿是指半躺而坐，雙手抱於腦後，一副悠閒的樣子。他們個性隨和，喜歡與他人攀談，與任何人都能打成一片。同時，他們善於控制自己的情緒，容易獲得大家的信賴。他們適應能力強，對生活充滿希望。他們做任何職業都十分投入，且能取得一定的成功。

不過，他們理財觀念薄弱，花錢時大手大腳，僅以直覺、心情來決定消費。因此他們時常不得不承受因處理錢財的魯莽和不謹慎帶來的後果。

這類坐姿的人的愛情通常比較美滿，能找到帶給自己快樂的伴侶。他們口才極佳，但並不是在任何場合都會與人爭論的人，是否要亮出自己的觀點，完全取決於他們當時面對的對象。

6、放任無拘的坐姿

放任無拘的坐姿是指坐著的時候，兩腿分開，距離較寬，兩手隨意放置。經常這樣坐著的人，喜歡追求刺激，喜歡標新立異，因此偶爾會成為引導都市消費潮流的「先驅」。他們喜歡與他人接觸，人緣不錯，並且從不在意他人對自己的評論，這一點是有些人很難做到的。所以，他們很適合做社會活動家或類似的職業。

Chapter 4

餐桌上流露的真性情

不停換座位的人是挑剔的完美主義者

我們經常會和家人、朋友或者同事去餐廳吃飯，這時候，就會涉及找座位的問題。透過觀察一個人找座位的方式，可以看出這個人的性格，及判斷能力。

比如，有的人一進餐廳，就迅速地環顧一周，然後找一個位置坐下了。但是，沒坐多久，覺得這個位置不好，太靠外了，周圍都是人，有點嘈雜。於是就換了座位，坐到了裡面一個角落的座位上。但是，剛坐一會，又覺得這個角落顯得太擁擠了，而且閉塞，感覺很壓抑。而靠窗的那個位置好像很好，能看到外面的風景，周圍又沒有多少人。於是，又趕緊坐到了靠窗的位置。就這樣，他們從進餐廳起，就一直不停換座位。

只有他們一個人還好，有的時候，會讓和他們一起吃飯的人，不堪其苦。其實這樣的人是十分挑剔的，無論買什麼都想要最好的。他們對自己的要求也很高，無論做什麼，都想達到最好的程度，是完美主義者。可是，世界上本沒有什麼是十全十美的，所以這樣的人不僅自己活的辛苦，也會讓身邊的人很累。而且，他們一再地換座位，說明他們的想法很不成熟，做決定也很少深思熟慮，而總是有點苗頭就去做，覺得不對了再改。這樣的人，很難使別人信賴。

和不停換座位的人相似，有的人也總會找錯座位。但是他們不是因為覺得自己的座位不好而換，而是缺乏判斷力。比如，當他帶著大家去就坐的時候，走到跟前才發現位子不夠。這樣的人，通常是缺乏判斷力的。他們常常想幫大家做些事，但是，總是會做出一些錯誤的判斷，或者導致一些失誤。不過，他們那種有點傻的誠實性格，是非常受大家歡迎。

和找錯位子的人類似，有一種人，也喜歡為大家找位子，但是他們很少像上面那種人一樣迷糊。這種人到了餐廳，通常會先環顧一下，然後指著一個人飯桌對大家說，就坐那裡吧。這樣的人和找錯座位的人相反，是非常有判斷力的，並且他們非常自信，也有領導能力。不過有的時候，也會因為有點獨斷專行讓別人反感。但是，他們有什麼想法會直接表達出來，比較坦率。

有的人和主動給別人找座位的人相反，有的人喜歡跟在大家後面。當一堆人去吃飯時，他們從不說自己想坐在哪裡，也不會帶領大家就座，而是跟著大家，當有人指定好位置後，再和大家一起坐過去。這樣的人，依賴性很強，沒有主見。他們習慣於接受別人的指導和照顧。在做事的時候，他們也很少積極主動去做，而是，配合別人，或者被別人指揮著去工作。

只有你用心觀察，從生活中處處都能發現人們的性格特點。當你和他人一起進餐時，不妨多觀察一下，判斷他們都是怎樣的人。

坐在固定座位的人，防衛心很強

在日常生活中，吃飯是免不了的。無論是在餐廳吃飯，還是在家裡吃飯，選擇座位也是必需的。因此，座位的選擇可以看出很多問題。

比如，在吃飯的時候，通常座位都是不固定的，大家可以隨便坐。但是有的人，卻一定要選擇固定的座位。如果這個位置是空的，他們會直接坐過去，如果這個位置被別人坐了，他們還會想辦法讓別人起來，自己去坐。像這樣的人，很有強的防衛心理。

他們對於處理人與人之間的關係時非常苦惱，不知道怎麼和人打交道。常常有不安的感覺，對自己在一個團隊或者群體中的存在價值感到迷茫。他們也較沒自信，覺得別人會輕視自己。所以，他們選擇固定的座位，想創造出一個自己熟悉的小環境，以便使自己的心情平靜下來，使自己有安全感。這樣的人，個性比較認真，做什麼事都容易較真。如果是固定的工作，他們就能完成的很好。但是，不懂得變通，所以不適合創造性的工作。他們防衛心很強，正是來自於他們缺乏安全感，覺得別人會傷害自己。

其實，選擇固定座位，也是一種劃分勢力範圍的表現。比如，在家裡，坐固定的座位，就劃分了在家裡的勢力範圍。在公司，坐固定的座位，也是在公司裡劃出自己的空間。哪怕是一些常去的餐廳或商店，都可以透過坐固定的座位，劃分出屬於自己的實力範圍。他們之所以這樣做，是因為只要在自己的勢力範圍裡，他們就會覺得輕鬆、自在，而且很放心，不用擔心別人傷害自己，輕視自己，還是防衛心理很強的原因。

不過，固定座位也有它的好處。大學教授們總結出，固定的座位可以給人留下深刻的印象，也可以調動人們的積極性。因為大學課堂是不會規定座位的，所以很多學生會每回上課都變換位置。而這些學生較難令人留下深刻

CHAPTER 4

餐桌上流露的真性情

印象。相反的，總坐在固定座位的學生常會留給教授們深刻的印象，自然而然便會不時的加以注意。

比如，去參加一次會議，尤其是例會，有的人早一步進入會場，挑選面對主持者的位置或是主持視線容易看見的位置，並且每次開會都坐在同樣的位置上，經過一段時間之後，大家會在心裡默認那是這個人的位置，於是他的存在便被大家肯定。同時，更奇妙的是，如果他有固定不變的位置，往往也能加強他參加會議討論的意願，並能變為積極討論者之一，要求發言的次數也會增多。所以大學教授們才說，固定的座位可以給人留下深刻的印象，也可以調動人們發言的積極性。

家庭餐桌上也同樣遵循這個道理。如果仔細觀察你會發現，各個家庭餐桌的形狀是經過深思熟慮才選擇出來的。而且，不同的飯桌形狀可以顯示出家中各成員權力的分配情況：家長擁有絕對權威的家庭多會選擇長方形桌子；觀念封閉、地位分明的家庭會選擇正方形桌子；而民主開放式家庭則鍾愛圓桌。

在家長擁有絕對權威的家庭，家長肯定坐在長方形桌子的一端，並且是離門最遠，背靠著牆壁的那個位置。這個位置足以顯示他的地位，並能凸現他的權威。而坐在他對面的，背對門的肯定是最沒地位的家庭成員。圓桌的各個位置幾乎都是平等的，圓桌會議往往具有平等協商的意味。使用圓桌的家庭，往往會用民主的方式解決問題。

選擇固定座位的人，都有特定的心理和性格。只要我們多分析，就可以推出這個人的性格。

和別人點一樣菜的人，很難與人發生糾紛

點菜也是一門學問，透過點菜也可以看出一個人的性格。我們可以試一下，留心周圍的人在點菜時的舉動，判斷他是一個怎樣的人。

比如，有的人習慣於和別人點一樣的菜。他們往往拿著菜單，一頁一頁地流覽，不知道自己要點什麼。等一起吃飯的人，都點好了，還是拿不定主意。最後，在服務員的等待下，不好意思了，會說：「我也點一樣的吧。」這樣的人，往往是沒有主見的。他們不知道該怎麼選擇，又擔心選錯了，就會選擇和別人一樣。而且，對自己也缺乏信心。不相信自己的決定。他們力求和別人步調一致，缺乏自己的思考，有時候會把自己陷入死胡同。

不過，此種類型的人也有優點，他們的性格比較隨和，很難與人發生糾

紛。所以，他們會是比較好的跟隨者，能和氣地與人交往。但是，如果讓他們挑大梁，就會把他們嚇跑的。

和這種類似的還有一類人，他們知道自己想點什麼，但是如果大家都點一種，他們也會點那種。他們不是沒有主見，只是希望和別人達成一致。他們很少堅持己見，經常會為了配合別人而改變自己。有很強的團體意識，並且會努力維持團體的和諧，不希望有人離開團隊或讓團隊產生混亂。但是，由於他們常常改變自己的決定，也會讓人有難以信賴的感覺。

也有些人點菜時猶豫不決，無法下決定，是因為他們太在意別人的看法了，缺乏決斷力。但是他們又不同於和別人點一樣的菜的人，因為他們內心裡猶豫不決是因為自己什麼都想要，胃口太大。這樣的人，有的時候會迷失在自己的欲望裡。

有人在點菜時，不管別人，只點自己喜歡吃的菜。他們往往會在流覽菜單後，點出自己喜歡的，然後把菜單給別人，讓對方也點自己喜歡的。這樣的人，性格樂觀，不拘小節。他們做事情很果斷，很乾脆，有時候還沒有想清楚，就會做出判斷。所以，瞭解他們的人，會和他們成為很好的朋友。但是，他們只顧自己的個性，也會給自己招來很多的誤解。

和上面的人相反，有的人會在點菜時先問別人想點什麼。他們在問過別人想點什麼時，會和對方點同樣的菜，這樣的人，很有教養也很有風度，個性親切很照顧周圍的人。不過，他們一般計畫比較周詳，但是卻不想對別人有更深入的瞭解。還有一種，在問過別人之後，卻點了不一樣的菜，這樣的人是不在乎對方看法的。雖然他們表面上很重視對方的見解，但是在關鍵時刻，還是會遵從自己的想法。

有的人會在拿到菜單以後，速戰速決點菜。這樣的人，性子很急，想法天真，缺乏深思熟慮。不過，他們擁有領導者的特質，但是過於獨斷，並且不太相信別人。他們競爭心也很強，永遠不想落在別人後面，只能是自己在前面。

習慣會出賣你
從司空見慣的動作裡
透視人心

還有的人在點菜時，雖然不是速戰速決，但是會一次點一大堆。這樣的人，是心浮氣躁的，有點孩子氣，他們的想法與需求必須表達出來才會甘心。他們很少考慮事情深遠的發展，對可能出現的失敗情況，也不會分析，所以缺乏隨機應變的彈性。

還有的人在點菜時，會先請服務員介紹再點菜。但是，他們很少採納服務員的建議。這樣的人，自尊心非常強，並且非常堅持自己的意見。他們不喜歡被人指揮，但是在做決定之前，會適當的參考周圍人的意見。他們做事很積極，有全力以赴的精神。

透過觀察一個人在點菜時的行為，可以比較容易地判斷出這個人具有怎樣的性格特徵。

吃飯速度快的人，下決定的速度也很快

吃飯，是我們每天必不可少的功課。但是，大家可能不知道，從一個人進食的習慣，也可以推出這個人的性格特點。

比如，有的人吃飯速度很快。快速進食的人，一般都是精力充沛的工作狂。而且，下決定的速度也很快，他們不會聽你囉囉唆唆地說一堆廢話，直截了當地根據自己的判斷下決定了。迅速地吃飯，迅速地下決定，說明他們很珍惜自己的時間，追求高效率。

有的人吃飯，像是風捲殘雲似的，甚至有點狼吞虎嚥。這樣的人，一般情況下都是個性豪放、精力旺盛的。他們辦事乾脆果斷，待人真誠友善，並具有強烈的進取精神和奮鬥精神。在購買物品時，他們也喜歡實用性的。還

習慣會出賣你

從司空見慣的動作裡 透視人心

有的人吃飯，對食物不加節制，一遇到喜歡的食物就暴飲暴食。這樣的人，性格比較直爽，不習慣隱藏自己的情緒，喜怒全寫在臉上。

而有的人吃東西就比較慢，這樣的人在思索問題時，會花上許多時間，反覆斟酌，直到自己認為無懈可擊了，才會做出決定。他們吃東西很慢，也是因為他們有點挑食，因此，在待人接物方面，都是比較挑剔的。

有的人在進食時，把食物分割成若干小塊，再逐一食用。他們一點也不著急，慢慢地享受嘴裡的食物。這樣的人，做什麼事都小心、謹慎，為人也很細心、認真，但是會給人一種保守、頑固的印象。如果你和這樣的人交往，注意不要用太激烈的言辭，否則可能會激怒他們。

還有的人，吃東西的時候細嚼慢嚥。他們吃飯的時候，已經不只是慢了，而是極慢。他們會細細地咀嚼和品味嘴裡的食物。這樣的人，辦事周全、嚴密，沒有把握的事從來不做。他們的為人也比較冷漠，對什麼事都比較挑剔。但是，他們一旦把你當成朋友，也會真誠地與你交往。

CHAPTER 4

餐桌上流露的真性情

有的人吃飯的時候，喜歡一個人。他們願意單獨進食，不喜歡與人共餐。這樣的人，性格比較冷淡，不願與人分享自己的心情或者其他。他們還會孤芳自賞，有自戀情結。不過，他們的性格也比較堅毅沉穩，對自己要求很高，責任心也很強。他們很信守承諾，言行一致，答應別人的事，再難也會做到。

有的人對食物來者不拒，不管點什麼菜，他們都能吃得津津有味，從來不挑食。這樣的人，對食物不加選擇，所以在與人交往時也很少挑剔，個性很隨和，不拘小節。他們的心態比較陽光，生命力很旺盛。同時，他們還多才多藝，應對能力也很強，無論是什麼工作，都能處理的遊刃有餘。而有的人和他們相反，對食物淺嘗輒止，他們的食量比較小。這樣的人，大部分個性保守，做事謹慎沉穩。他們缺乏創新和進取的衝力，並且習慣於墨守成規。

觀察一個人進食的習慣，吃飯速度的快慢和方式，都可以判斷出這個人的性格特徵。

吃東西時悶不作聲的人，比較內向害羞

平時吃飯的時候，有人喜歡邊吃邊興高采烈地說話，有人卻是悶不做聲，一聲不吭，只是一個勁兒地低頭專心吃飯。

吃飯時一聲不響的人，一般都是性格比較內向比較害羞的人。他們性格內向，平時已經養成了不愛說話的習慣，跟別人說話時要麼不敢正眼去注視對方，要麼一開口結結巴巴，要麼臉紅，要麼顯出一副不知所措的樣子，這些都是他們害羞的表現。

因此，即使別人主動與他們說話，他們也不肯多說，甚至還會臉紅。他們一般都不會主動與別人講話，上臺發言時也不敢抬頭，聲音語氣也常常顯得極為不自信，或許他們心裡並沒有什麼自卑的地方，也沒有感覺自己是一

個沒有自信的人，但他的舉動在別人的眼裡就是一種沒自信的表現。他們的表現欲不強，不會動不動就去與別人搶風頭爭先進，更多的時候他們會默默無聞地跟在別人的身後，直到自己的實力被證明。其實，這都是因為內向的原因，而害羞又是性格內向的人所共同具備的特點。

不過，也有這樣的情況，你看他們進餐時一聲不響，他們心裡可能正在琢磨這盤中餐的做法呢，他們可能是個美食家，一心一意放在食物上，顧不上跟別人說話了。

又或者是，他在考慮其他的事，對你們現在正在說的話題一點興趣都沒有，甚至覺得很無聊。不過大多數人都是因為害羞或孤僻，才會在進餐時一聲不響。

因此，當我們聚餐時興高采烈地和朋友們聊著天時，突然發現有一個人總是一言不發，或許那人就是這種內向型害羞型的人。所以，不要武斷地以為那人是在生誰的氣，也不要埋怨那人破壞聚餐的氣氛。

和吃東西時悶聲不響的人相反，有的人在吃飯時，一邊吃飯一邊說個不停。這樣的人，性格通常比較急。他們有的時候，甚至等不及把食物吃完就迫不及待地要說話。

這樣的人，一般處事時也比較性急，他們總是急於求成，急功近利，對什麼事情都沒有耐性，總希望一下子完成或一下子做好，甚至沒做完一件事情，就迫不及待地要做下一件事情了，以至於常常連一件事情也做不好。而且，他們無論做什麼都匆匆忙忙，在別人眼裡總是有點冒失。吃飯也不閒著，邊吃邊做著其他事。這都是性急的人養成的生活節奏，改也改不過來，你讓他慢下來，他便不能適應，甚至不知道該怎麼生活。

因為他們的性格很急，所以脾氣也比較容易暴躁。他們的忍耐力差，而且從他們的內心來說，他們並不願讓自己忍耐，這跟他們直率的性情有很大的關係。有了委屈或不滿，不會憋在自己的肚子裡，而是要一刻也不停地發洩出來。從他們邊進食邊嘮叨上也能發現這一點。

他們甚至都不能先忍一會兒，忍到吃完飯再嘮叨。當然這種性格不僅體現在進食中，即便是在做其他事情的時候遇到一些令自己不愉快的事，也會忍不住邊做事情邊嘮叨。

因此，當我們遇到有誰邊吃飯邊嘮叨個不停時，我們就可以初步判斷這是一個處事性急的人。而吃東西時悶聲不響，則是內向型的人，容易害羞。

吃完飯馬上離開餐桌的人，比較自私

在日常生活中，無論是和朋友還是同事，我們都喜歡在餐桌上敘舊。還有的時候，我們也是為了應酬而聚餐。不過，無論是哪種情況，在吃完飯後，我們一般都不會輕易離席，因為在聚餐時無故離席是一種很不禮貌的做法。我們都習慣於一大群人即使飯吃完了還不離席，而是要聊聊天敘敘舊，等到酒足飯飽聊也聊夠了時，大家才相互道別，一起散去。

不過有的人卻不是這樣，他們在與別人聚餐時，總是在自己吃完飯後就馬上離開餐桌，或者老是想出去就出去想回來就回來，有的時候甚至飯沒吃完就走了，也很少跟大夥說明原因。這樣的人，不僅沒有最基本的禮貌，而且還十分的自私。他們心裡往往只有自己而沒有別人，他們只考慮自己的事

CHAPTER 4

餐桌上流露的真性情

情，為了實現自己的利益和想法，怎麼方便怎麼來，有時甚至不惜傷害別人。他們不會顧及到別人的情緒，他們在聚餐時離席更不會想別人會怎麼樣，因為在他們心裡這沒什麼大不了的，小事一樁而已，甚至他們會用自己的心思去揣摩別人的想法，認為遇到同樣的事情，別人也會作出這樣的選擇。他們也很小心眼，只想著怎麼對自己有利，很少顧及別人的利益，很多時候，他們還會以小人之心度君子之腹。總之，他們就是自私的人，不去管大家怎麼想，就是一意孤行我行我素，以自己的喜好和利益問中心。

而有一種人，見了喜歡的東西就很貪吃。他們和吃完飯馬上離開餐桌的人不同，他們不是自私，只是不愛掩飾自己的情緒。

比如，每個人都有自己喜歡吃的食物，但對待自己喜歡的吃的東西，大家的態度並不一樣。有的人覺得既然是自己喜歡吃的東西，就不必約束自己，可以多吃常吃，如果有可能甚至還要當飯吃，反正無論怎樣總是吃不夠，吃不煩。

而有的人則認為，喜歡吃的東西也不能經常吃，因為天天吃、吃太多，漸漸就感覺不到那東西的好吃，只有偶爾吃一次，才會覺得別有一番滋味。而那些見了喜歡的食物總吃不夠的人，較不懂得掩飾自己的情緒。因此，他們大多都是比較純真直率的人。他們愛恨分明，喜歡就是喜歡，不喜歡就是不喜歡，就像吃喜歡的東西一樣，吃多少都不會覺得膩，而不喜歡的東西一點都不會吃，他們就是這樣直率的人。

他們的直率，使他們常常將喜怒哀樂都寫在臉上，別人一眼就能看破。有時不是他不願掩飾自己的情緒，而是他根本就不懂得掩飾自己的情緒。這種性格在生活中為他們交了不少的真心朋友，當然也結下了不少的冤家。因為他們直率的話語可能會有意無意地就傷了他人。別人往往能輕鬆地找出這些問題的答案，而他們不能，因為他們的觀點就是，喜歡就是喜歡，不喜歡就是不喜歡，幹嘛要掩飾啊？怎麼掩飾？掩飾來掩飾去的多累人啊。

所謂「蘿蔔青菜，各有所愛」，你喜歡吃青菜，他喜歡吃瓜果，總會有一種你自己喜愛的食物。你喜歡他們就喜歡，不喜歡他們，他們也無所謂，不會因為你而改變。他們率真，所以不想戴著面具做人，喜歡本色的演出，不喜歡虛偽造作，也不願意與那些虛偽造作的人來往。如果要他做一些需要去掩飾弄虛作假之類的事情，他一定不去，況且他也根本就裝不出來。

和吃完飯馬上離開餐桌的人相反，當你遇到常常對自己喜歡的東西吃不夠的人時，可以去交這個朋友，因為他是率直純真的人。

喜歡獨自吃飯的人，性格比較孤僻

在吃飯的時候，有的人喜歡和一堆朋友一起，他們認為大家在一起說說笑笑打打鬧鬧地吃飯才有意思。而有的人喜歡兩個人一起，這樣既不會孤單又不會太吵鬧。還有的人則不喜歡跟別人在一起用餐，他們更喜歡獨自一個人安靜的吃飯。他們覺得一個人安靜地吃飯很好，和別人在一起還要說話，太累且吵吵鬧鬧的氣氛也會令他們心煩。

一般情況下，喜歡獨自吃飯的人，性格比較孤僻。他們常常形單影隻，在團體中顯得很不合群。無論做什麼都不喜歡一群人在一起，他們寧願一個人獨守一份安寧。當然，他們並不覺得這樣有什麼不好，或許在別人眼裡，他有點孤單甚至可憐，但在他自己心裡，他早已習慣早已認可了這樣的生活，

CHAPTER 4

餐桌上流露的真性情

他覺得這樣就很好了，吵吵鬧鬧的生活才令人煩躁。也因為這樣，他們被人們認為是孤僻的人，也就較少人願意和他們交往。而他們自己當然不會主動與別人交往，所以久而久之，就真的比較孤僻了。

喜歡獨自吃飯的人，不僅性格比較孤傲，還有些清高和孤芳自賞。因為他們常常都是一個人，有時候難免會和眾人的想法不一致。所以，他們有清高的性格特點。而且，長久的獨來獨往，早已培養了他們獨立的精神和堅強的品性，他們不會輕易地被挫折和失敗打倒，相反的挫折和失敗反而可能激起他們更強烈的上進心。可是，他們的這些優秀品質，可能並不為外人所知，所以他們就難免孤芳自賞了。

他們做事很穩重踏實，具有一定的責任心，能保持言行的相對一致，做到言必信、行必果。儘管他們喜歡獨來獨往，但是在很多時候都能讓自己的上司和親人、朋友感到滿意。所以，他們在自己的心目中通常是一個比較優秀的人，時不時地也會有些自戀感。

因為在別人眼裡他太「酷」了，想與他溝通與交流都是一件難事，所以他們的朋友很少。但是，如果他們一旦交下了朋友，那麼這個朋友必定是那種可以推心置腹，肝膽相照的朋友。因為他們對不喜歡的人，連一起吃飯都不願意，那麼既然認定了你是他的朋友，就一定會從心底裡接受你。

當你遇到了這樣一位喜歡獨自吃飯的人，你就可以初步推斷出，他是一個性格比較孤僻，而且有點清高和孤芳自賞，不過卻是十分真誠、十分夠朋友的人。

總是吃個不停的人，內心比較空虛

在吃飯的時候，有的人吃得很少，可能是為了減肥。有的人則是定時定量地吃飯，生活很規律。還有的人，整天不停地吃東西，就好像永遠也吃不飽一樣。這樣的人，很可能是內心比較空虛，他們要靠吃東西來消除內心的煩躁和焦慮。

整天抱著東西吃個不停的人，必定是內心空虛無聊的人，他們的空虛已經到了無法排遣的地步，只好透過吃來排遣。有時候，可能我們自己也會有這樣的情況，一個人在家裡看電視或是做別的什麼事時，只要看到面前擺著吃的東西，就忍不住要去吃，但另一方面自己其實並不是太想吃，因為自己根本不餓，只是感覺手本能地放在了食物上，然後本能地又放到了嘴裡……

這其實就是一種內心空虛的徵兆。

內心空虛時就會總覺得無所事事，總想為自己找點事做，可是又不知道找什麼事情好，所以只好看到什麼可做的就去做了。比如，看到面前有吃的東西，立刻就去吃了，而並非要等餓了或是到開飯的時候才吃。不過，可惜的是，吃並不是排遣空虛的出路，吃過之後可能才會發現，空虛不但沒有被排遣掉，反而越演越烈了。因為用錯誤的方法做錯誤的事情自然不會得到正確的結果。這樣下去必然是惡性循環，於是到了在不餓的情況下，抱著食物吃一整天的程度。

而有的人，則很少這樣，他們總是按時按量吃飯，這樣的人，原則性很強。這些吃飯時定時定量的人，往往是那種生活十分有規律、有節奏，原則性很強的人。如果沒有特別意外的事情發生，他的這些生活規律、生活節奏、生活原則是絕不會輕易改變的。就連吃飯，他們也每天吃每頓飯都安排著固定的時間，不到那個時間說什麼也不吃，就算吃也咽不下去。而一旦到了那個時間，無論發生什麼天大的事情也不能阻擋他的進食。而且，他們每天每頓飯就吃那麼多，再多一點都吃不下或者拒絕吃。因為吃飯都這樣講原則，所以他們在做其他事情上也表現出了很強的原則性。

在他們的生命裡，原則是最重要最不可或缺的東西之一。這樣的人做什麼事情都會講原則，會堅持原則，一旦有人提出的要求超出了他的原則底線，那他說什麼都不會答應。

其實，有原則是一件好事，它意味著無論什麼事情，到了他們那裡都會事先有個尺度，而對沒有原則的人來說，他們就會失去這個尺度，所以他們常常會做一些事後令自己後悔不已的事情，原因就在於他們辦事時沒有尺度。而且，講究原則的人，並不一定就是那種為人處世很呆板的人，有時他們在處事時也會非常靈活，只要別觸犯原則性的問題。

邊看書邊吃飯的人，爭分奪秒

吃飯是我們生活中不可缺少的一項重要內容，因此人們就會在不經意間養成一定的飲食習慣，而這些習慣又可體現出一個人的性格。

比如，有的人喜歡邊看書邊吃飯。這類人是非常珍惜時間的人。對他們來說，吃飯只是為了滿足身體的需要，如果不吃飯也仍舊可以活著，他們極有可能會放棄這一件既耽誤時間又浪費精力的事情。

他們是爭分奪秒的人，會珍惜點點滴滴的時間，並利用這些時間做一些對自己有益的事。所以，這類人有堅定的目標，並且野心勃勃。他們也會制訂具體的計畫，以便使自己的夢想變成現實。邊看書邊吃飯的人，擁有積極向上的樂觀精神，會爭分奪秒地利用時間，把自己的想法付諸行動。

CHAPTER 4

餐桌上流露的真性情

也有的人喜歡邊走路邊吃東西，這樣的人也是非常珍惜時間的。他們認為吃飯是浪費時間，所以才會在走路的時候吃飯，這樣就可以把吃飯的時間省下來了。不過，雖然他們經常給人來也匆匆、去也匆匆的感覺，像是永遠時間緊迫的大忙人樣子，但實際不一定如此。

這樣緊張的生活狀態，很有可能是由於他們自己缺少組織性和紀律性造成的。他們以為邊走路邊吃東西，是在節省時間，事實上，很可能是他們對自己的時間沒有安排好。因此，這樣的人大多比較容易衝動，經常會意氣用事，最終使事情發展到不可收拾的地步。

還有的人喜歡一邊看電視一邊吃飯。這樣的人，多是比較孤獨的，電視或許是他們消除內心孤獨的最好方式之一，他們可以把自己的感情寄託在故事的喜怒哀樂裡。

有的人喜歡在餐桌旁站著吃飯。這種人並不是特別講究吃，他們會盡力講求方便、簡單，只要能填飽肚子就可以。所以，他們在生活中，並沒有太大的理想和追求，很容易獲得滿足，也很容易開心。他們的性格很溫和，懂得關心別人，為人也很慷慨、大方，會為了朋友和家人付出。

有的人喜歡邊做飯邊吃。這類人一般情況下，生活節奏快，因為有許多事情要做，他們表現得也比較繁忙。所以，他們更多的時候，只能一邊做飯，一邊吃。但他們並不以此作為自己的煩惱，甚至還覺得很高興，能夠自得其樂。

有的人喜歡在餐廳裡吃飯。他們覺得在家裡吃飯，既要做飯，吃完還要收拾，太麻煩，不如在餐廳裡，簡單又方便。這樣的人，多是比較懶惰而又喜歡享受的。他們不善於照顧自己，但希望別人能夠體諒他們，然後來關心和照顧他們。他們不太願意輕易付出，往往會在別人付出以後自己才行動。

有的人吃飯定時定量。這類人生活十分有規律，而這些規律如果沒有特別意外的事情發生，是不會輕易改變的。但這並不意味著他們為人處世呆板遲鈍，相反，卻可能很靈活，只是無論在什麼時候，都具有一定的原則性。

CHAPTER 4

餐桌上流露的真性情

有的人不喜歡吃早餐。這樣的人分為兩種，一種是非常熱愛自己豐富多彩的生活，他們不想因為要吃早餐而浪費自己的時間，使自己的生活暫停片刻。另外一種，肯定是有一份自己非常厭惡的工作，想到又要去上班，就不想吃飯了。而有的人不喜歡吃正餐，很喜歡吃零食。這樣的人，把零食當成自己的知己，在壓力很大，內心很焦慮的時候，他們會透過吃東西來緩解。因此，他們喜歡不停地吃，即使肚子不餓，以此來放鬆自己的心情。

不同的人有不同的吃飯方式，透過觀察他們的吃飯方式，也可以判斷出他們是怎樣的人。

喝醉酒猛打電話的人渴望關懷

在現代生活中，無論是聚會還是談生意，人們總是免不了喝酒，尤其是男性。如果一個喝醉酒的人，不老實回家睡覺，而是猛打電話給別人，這說明什麼問題呢？

比如，喝醉酒的人常自以為想起了一件重要的事情而打電話給別人，但是接電話的人卻常常會被他所謂的理由弄得哭笑不得，尤其是半夜三更接到電話，更往往讓人在睏得要命的時候還聽得莫名其妙。

其實，喝醉酒打電話是一種「非常識的行為」，因為他們已經不具備人與人交往應有的常識。例如，深夜一、兩點時，毫不顧慮別人的休息時間打電話給別人，而對方聽到的只是醉漢的喊叫聲或音樂聲。「我現在正在喝酒，你給我馬上過來，我會一直等到你來陪我為止。」當你接到這種電話時，即使置之不理將之掛斷，對方也還是會再打來，並且說一些「你真是太不夠意思了，對朋友一點都不關心！」等令人討厭的話，如果再加上電話中夾雜著吵鬧、酒醉的雜亂聲，更會讓人心情不爽。而仔細分析這些人的舉動，就可知道在喝醉酒時打電話的人，完全是因為孤獨，需要他人的關懷。比如，我們常常在夜晚的街道上，看到一些醉漢漫無目的地晃蕩，有時也會看到他們無緣無故地騷擾行人。他們的這些行為，無非是想訴說自己的孤獨，渴望他人的關懷。

由於日積月累的心理緊張，當他們脫離群體時，就會想方設法地釋放。而這種感覺，平常是被壓抑的，所以藉著酒醉，就可掙脫束縛。因此，他們為使自己身心獲得解脫，所以才會出現醉酒後，深夜打電話來博取他人注意的行為。所以，在這種情形下，他們只是為了解除平常內心的不滿，或者藉機發洩平常和上司、同事間的不愉快情緒，並渴望得到朋友的理解和關懷。

這樣的無禮舉動，多半都是以較親密的友人為對象。

喝醉酒的人，心態上已脫離現實，和接電話人的想法有很大的差別，兩人當然話不投機。如果有人認為，對方既然已經喝醉了，只要隨便說些應付他的話敷衍過去就算了（這通常是一般人的處理方式），其實這樣是不行的。雖然他們現在喝醉了，但是他們的大腦還是很清醒的。這樣做會讓他們覺得更加孤獨。因此，如果採取寬大容忍的態度，照顧和寬慰他們，會讓他們會從心底裡感到溫暖。

事實上，人們在喝醉酒以後不是只有猛打電話的，他們還會有各種各樣的反應。透過觀察喝醉酒以後人們的不同反應，可以判斷出這是一個怎樣的人。

比如，有的人會在喝醉後倒頭就睡。他們在喝醉後很睏很睏，只想睡覺。這樣的人是非常理智的。他們在平時就很注意自己的言行，哪怕是喝醉了，也是安靜的睡覺。他們的品行一般都很好。有的人喝醉後卻很快樂，甚至會

CHAPTER 4

餐桌上流露的真性情

大聲唱歌。這樣的人，天生樂觀，為人豁達。他們平時的生活也很規律，沒有不良嗜好，也是屬於理智型的。

而有的人喝醉後會哭泣。這樣的人，生性消極、悲觀，並且可能平時經常受到輕視和忽略。他們的內心很自卑卻無法調節，無處排解。因此，當他們喝醉後會忍不住地哭泣。而與之相反，有的人會在喝醉後一直笑。這樣的人，為人隨和，不拘小節，樂觀且富有幽默感。

還有的人喝醉後會變得很愛說話，一直嘮叨不停，甚至想找人打架。這樣的人，情緒非常不穩定，他們平時的平靜表面，只是在克制而已。有的時候，他們還會信口開河。這樣的人，大多平時經常受到壓抑，有懷才不遇的憂愁，所以在喝醉的時候，就會忍不住說出心中的不滿。

總之，喝醉酒後猛給朋友打電話的人，是希望能和更多的人交往、溝通，藉以解除心中的不滿。透過喝醉酒後其他的表現，也可以推斷出這個人的性格。

憑著自己的感覺進行烹飪的人比較善變

一個人在準備食物的時候持什麼樣的態度，往往會流露出他對生活的某種感受。從準備的方法和過程中，可以表現出一個人許多內在的東西。因此，很多人認為烹飪是一種藝術，更是一種享受，他們願意自己動手，準備一切。

這一類型的人，多獨立意識比較強，從來不企圖依靠他人來達到自己的某種目的，同時他們對別人也缺乏足夠的信任感。他們有強烈的自我意識，不會輕易相信任何人。他們很滿足獲得成功後的那種成就感，自信心特別強，即使身處困境也樂觀依舊。而有些人從來都不自己烹飪，這樣的人多缺乏冒險意識，為了安全，他們會選擇妥協退讓。

具體來說，有的人僅僅是憑著自己的感覺進行烹飪。這樣的人多比較善變，常憑著一時的衝動感情用事。很容易喜歡什麼東西，也會很輕易地放棄。喜歡的時候，是真心實意，不喜歡了，也是發自內心的厭惡。

他們不願受人束縛，喜歡隨心所欲，為所欲為。很少向別人做出承諾，因為他們非常瞭解自己，知道自己根本無法兌現。不過，他們的心地還是善良的，並不想去傷害別人，可到最後還是會有許多人受到傷害，他們也不想這樣，還會為此感到難過，但並不改變自己什麼，或許也是改不了。

有的人喜歡按照有關烹飪的書籍做菜。這樣的人顯得有些呆板，凡事喜歡依據一定的規則，如果沒有這一類指導性的東西，就會顯得手足無措。習慣於被人領導，而不可能領導別人。總是過分地追求各種細節，精確嚴謹，從來不會輕易放棄任何一件他們認為重要的事情。對自己並沒有多少自信心，隨機應變能力比較差。害怕遇到突然發生的事件，因為那時他們會手足無措。

有的人喜歡打電話給美食家，請教烹飪方面的問題。這樣的人大多比較有寬容性，能夠虛心認真地接納別人給自己提出的意見和建議。但只是接納並不是全盤接受，他們是有著自己奇特思維的，會充分考慮別人的意見和建議，但在此基礎之上，最後決定的還是自己。

有的人喜歡邊看電視上的烹飪節目邊動手。這樣的人多自主意識強烈，不願意讓別人為自己做決定。他們喜歡把一切都變得簡單和方便，很容易獲得滿足，在各方面都不挑剔，但對於一些事情還是有追求完美的心理傾向的。在大多時候，他們活得比較輕鬆自在，善於開導自己。

有的人愛在烹飪的時候使用一些小道具。這樣的人一般都有比較重的好奇心理，一旦喜歡上什麼，就會千方百計要得到它。做事追求高效率，有較強烈的憂患意識，為了以防萬一，會做許多的準備，但事實上他們經常是杞人憂天。

有的人在烹飪的時候大多採取剁、揉的方法。這樣的人多屬於實幹型的人，他們很客觀，總是能夠以非常積極和誠信的態度來面對生活中的各種問題。生活節奏相當快，生活態度也非常積極。對於已經決定的事情，會全身心地投入，儘量把事情做好。

有的人喜歡烤肉。這樣的人性格多是外向的。他們待人大方熱情，樂於結交新的朋友，而且富有同情心，做事常不拘小節，馬馬虎虎，得過且過就好，因此常常會製造一些不必要的麻煩，他們樂於向別人介紹自己，以增進瞭解。

不同的烹飪方式，代表了不同的性格特點，只要我們平時注意觀察，就能判斷出他們有怎樣的性格。

喜歡亂加調味品的人，比較有想像力

在吃飯的時候，每個人都有自己不同的口味。比如，有的人喜歡辣，有人喜歡酸，有人喜歡甜。所以，我們經常會聽到有人在點完菜後說，「多放點辣椒」，「少放點醋」等。還有人口味重，喜歡多加鹽，有人口味輕點，儘量少食鹽等。

總之，不同的人，有不同的口味。因此，在我們日常烹飪時，我們會根據自己的口味，選擇不同的調味品。而且，無論是誰，無論是哪一種口味，在烹飪時都難免會用到油鹽醬醋等常用的調味品，許多人還喜歡用一些家庭烹飪不太常用的調味品。因此，從對調味品的使用和添加方式上也可以看出一個人的個性特徵。

CHAPTER 4

餐桌上流露的真性情

比如，有的人喜歡亂加調味品。這樣的人，具有豐富的想像力。他們在使用調味品上不固定，經常會換口味。他們可以發動自己發達的想像力，嘗試各種不同的味道。這樣的人，一般比較多變。而且，他們做起事情來顯得比較靈活，敢於突破不固守成規，但有時也會弄巧成拙。

喜歡在烹飪時亂加調味品的人，多是做起事情來比較輕率的人，他們往往不考慮後果，想到哪裡做到哪裡，一衝動起來就什麼都不顧了。性子也比較急，受不了「三思而後行」這種行為準則，所以常常在輕率之下匆忙作出錯誤的決定。

他們衝動，做事情不經過大腦，經常會做出一些常人無法預料的事情。因此，他們有時像天才，有時像瘋子。於是，在別人眼裡，算是一種比較另類的人，但在做事情上往往無法得到別人的信任，因為他們做起事情及作出的決定都顯得很輕率。他們發達的想像力，也得不到認可。

另外，喜歡亂加調味品的人，性格之中也有一種不安定因素。他們喜歡嘗試，不停地嘗試，並不考慮是否合適之類的問題。這種人比較適合從事一些創意性的工作，比如，文學藝術類的工作。他們充滿了各種新鮮的、奇怪的、常人無法理解的想法，這種思維是需要經常做創意工作的人最需要的。

而有的人和他們恰恰相反，在使用調味品上比較固定，經常使用的就那麼幾種，沒有使用過的，就從來不用。這樣不喜歡亂換的人，一般都是比較穩重可靠的人，他們做事情一般不冒險，沒有十足的把握不會放手去做，所以他們做事情往往叫人比較放心。而且，他們不喜歡輕易嘗試新事物，有的時候，難免別人說成是墨守成規的人。

如果你有機會去別人家做客，發現自己吃的菜裡充滿了各種各樣的味道，那一定是主人添加了各種各樣的調味品。你也可以就此推斷出，這家的主人，是一個充滿想像力，敢於去嘗試新事物的人。

Chapter 5

從消費習慣看人生態度

只在別人看得到的地方花錢，是想買物質以外的東西

活在當今的社會，沒有人會不花錢。不過，花錢與花錢也有不同的方式與用意。有的人，只喜歡在別人看得到的地方花錢，事實上，這是想買物質以外的東西，也就是贊同。

有一種人，不論做什麼，都喜歡要最好的。比如，買昂貴的衣服，住五星級飯店，坐飛機也要頭等艙，吃飯要在昂貴的餐廳等，揮霍無度。他們不一定有錢，有的只是收入中等，但是他們卻可以買昂貴的禮物、穿著錦衣華服、開著最好的車，過著奢侈的生活。這時候，你可以問他們一個問題，如果別人沒有發現你花錢買的都是最好的、最貴的，你還會繼續這樣揮霍嗎？

他們通常會沉默。因為，如果他們靜靜地出錢讓他們的父母買年到國外去旅遊去沒人知道，如果他們有昂貴的收藏嗜好沒人知道，他們每週都要參加昂貴的私人活動也沒人知道，他們一定會很失落。因此，他們在那些別人看得到的地方花錢，只是想讓所有人都知道自己有錢，都贊同自己的財富或者品味，這樣會讓他們感到驕傲和充實。

我們經常會遇到這樣的情況。比如在咖啡廳，一名男子驕傲地說：「這次我請客。」有的時候，他怕和他一起的女士沒有聽到他慷慨的表示，還會再次誠懇地說道：「這次我請客。」我們可能會想，不就是一杯卡布其諾嗎，值得這樣大驚小怪？其實，他之所以這樣小題大做，只是想得到你的贊同。因此，他如果不滿意你當時的表現，就會繼續提醒你，他是多麼慷慨，然後期待得到你的肯定和讚賞。

與之相反，有的人卻非常節儉，而這些節儉的人和揮霍的人有時卻有相同的心理。比如，美國的喬愛琳曾講述她曾經處理過的一個遺產糾紛案子。

習慣會出賣你

從司空見慣的動作裡

透視人心

剛剛過世的是一位一隻眼睛瞎了的老婦人，在一棟房子裡住了二十五年，生活簡單樸實。她深居簡出，買的東西都是最廉價的。她的丈夫在二十年前就過世了，她一個人管理著幾間公寓。人們都認為那是她的興趣而不是職業。但是，她留下的遺產竟然至少有三千三百萬美元！

是什麼樣的性格能讓人有這麼極端的表現？一方面是沒有積蓄的奢侈，一方面是自我犧牲般的節儉？其實，他們都是因為自卑。極度奢侈和極度的節儉，都是自尊心太低的緣故。奢侈的人，想讓別人看得起自己，不想被別人看低，所以他盡可能地買昂貴的物品，在別人看得到的地方花錢，只怕別人不知道自己有錢。他認為錢可以買來的不只是物品，而是自信和尊重。同樣，過度節儉的人，認為自己很卑下，不值得把錢花在自己的身上。

因此，我們可以看出，只在別人看得到的地方花錢，是想買物質以外的東西，即贊同和尊重。而無論是過度奢侈的人還是過度節儉的人，都是自卑的表現。

討厭折扣促銷的人最害怕和別人一樣

在日常生活中，我們看到打折的物品，或者做活動讓利促銷的物品，肯定都會忍不住進去買了，這種情況在女士中更常見。有人曾這樣形容女性：「她們見到打折的東西，都像是不用錢了。」確實如此，哪怕不是很需要，但是看到在打折，比較便宜，也會忍不住買一大堆回去的。

因此，有的人透過電視、報紙或者其他管道得知某某商場打折的消息後，在打折的第一天，就會衝進店裡搶購，而有的人卻對打折的物品漠不關心。從這兩種不同是現象，可以推斷出他們不同的心理和性格。

比如，討厭折扣促銷的人，很害怕和別人一樣。他們有自己的價值觀和購物觀，不是那種見到便宜的東西就改變自己原則的人。需要就買，不論價格，不需要的話，多麼便宜也不買。他們很強調自己的個性，所以害怕和別人一樣。

買東西尚且不願意和別人一樣，何況是被捲入人群，去隨大眾做這些失去自我的搶購打折物品的行為？因此，他們不願意做那些隨波逐流的事，也不喜歡和別人擁有同樣的東西。這樣的人，大部分是獨立心很強的自信者，他們對各種事物或者人群都會適當保持距離，不知不覺地採取疏遠的態度。他們的優點是沉著冷靜，不會在人群中失去自我，他們的缺點也是如此，會讓人覺得他們冷漠而又頑固。

而有的人很喜歡打折的物品。他們一看到相關的消息，就會想：「又打折了，我一定要多買一些東西。」「太便宜了，多買一些，太划算了。」這樣的人非常合群，要求被他人喜歡或認同的欲望很強。在人際交往中，他們很擔心和別人發生不愉快的事，這樣會深深地影響他們的情緒。

他們也比較膽怯和保守，不想得到錯誤的答案或評價，承受挫折的能力也不強。而且，他們有很強的經濟觀念，也很看重金錢，所以才會在看到便宜的打折物品時趨之若鶩。不過，這樣的人通常沒有主見，看到打折的東西就買，很多時候會在一大堆人瘋狂購物的氛圍下，不知不覺地買下了很多根本用不著的東西。而且，他們貪的都是小便宜，看似很會省錢，其實買下那麼多用不著的東西也是在浪費錢，而且沒有計劃和原則，看到別人怎樣就會追隨別人。

還有的人喜歡買福袋，所謂福袋，就是商場或者百貨公司，在逢年過節的時候出售的一種具有未知性的物品。有的福袋價格超高，有的福袋價格很便宜，任何人都買得起，不過福袋裡面的物品一定比平時的價格便宜。但是，在購買之前，並不知道裡面都有什麼。

有的時候，裡面的東西可能你不喜歡，或者你已經有了，或者大小不合適等。因此，購買福袋具有風險性。所以，喜歡購買福袋的人，很少拘泥於自己的喜好，能夠廣泛地接受各種事物。他們不把風險當回事，喜歡刺激。

他們是樂天主義者，很少後悔，總是向前看。他們也很會玩，不管做什麼事都能樂在其中，並且，喜歡熱鬧，喜歡節日。

總之，當商場或者店鋪打折、出售福袋時，看哪些人被吸引，哪些人不為所動，可以判斷出對方的性格怎樣。

掏錢速度快的人，最怕被人看不起

從一個人掏錢的方式和他拿錢的習慣，可以推斷出他的性格。因為從一個人掏錢的方式或拿錢的習慣，我們可以推出金錢在他心中的地位，進而判斷出他是怎樣的人。

比如，有的人掏錢速度很快。不管是吃飯，還是買什麼東西，剛吃完或者拿到東西，就立刻掏錢付帳，這樣的人其實最怕被人看不起。他們怕掏錢慢了對方會認為自己沒錢，會看不起自己。因此，他們通常會在口袋裡放一疊厚厚的鈔票，目的是為了顯示自己很有錢。

他們認為錢是最好的身分象徵。為了讓別人知道自己有錢，他們有時還會把整疊的鈔票拿出來張揚。在整理錢包時，也會把面值大的鈔票放在外面，把小額鈔票夾在裡面。當你和這樣的人接觸時，應該要注意自己的語言，因為他們比較容易受到刺激。

有的人對錢比較粗心大意，喜歡把錢隨處亂塞。如果你到他們家去，會發現到處都是他們隨便亂放的零錢。他們也很少把錢整整齊齊地放進錢包裡，而是胡亂塞在錢包、手提袋、衣服口袋裡。這樣的人，一般對創作比較感興趣，他們能夠欣賞藝術與大自然的優美，把宇宙視為樂趣的源泉，而不認為金錢最重要。

有的人非常省吃儉用，用錢時十分謹慎。他們的成長經歷通常比較坎坷，所以對沒有錢的體會非常深刻。一般情況下，這樣的人工作都很努力，因為他們知道只有努力工作才能擺脫貧困。但是，他們雖然知道勤奮工作，卻不知道怎樣與人相處，而且因為他們把錢看得太重，所以沒有什麼真心的朋友。

有的人非常喜歡把錢藏起來，因為他們經常擔心被小偷光顧。這樣的人一般很難相信別人，總是懷疑對方。他們對什麼都不確定，買東西也沒有明確的目標。有的時候，甚至是因為到處藏錢，最後藏到自己都找不到了。

有的人會對錢斤斤計較。這種人一般分兩種情況。第一種情況是對任何金錢交易都十分小心，不管是零錢還是大錢，不管是鈔票還是硬幣，在付錢找錢時都會輕點的十分仔細。這樣的人，一般都有很重的猜忌心理。在他們看來，世界上到處充滿欺詐，所有的人都不可信。

另一種情況，就是他們可能會因為十塊錢和別人爭吵的面紅耳赤，卻肯花幾萬塊去國外旅遊。這樣的人，沒有什麼金錢的概念，喜歡享受，比較任性。

前面說了掏錢速度快的人，還有一種類型是攤帳時結算速度特別快的人。在中國，人們總是習慣於請客。我們總是覺得平均分攤費用制有點傷和氣，也顯得太小氣。不過，近些年來，我們也開始學著攤帳了，因為這樣可以避免浪費，也有利於長遠交往。攤帳，簡單地說，就是單純地以人數平均分攤所消費的數額。從這種消費習慣，也可以看出一個人的性格。

比如，酒足飯飽的時候，大家都還在想著這頓飯誰請客的時候，就會有一個人站出來宣佈「一人收多少錢」。可以看出，這個人對金錢和攤帳方面的執著。這樣的人，性格容易緊張，做事情非常認真，並且有自己的原則，所以對人對己都會嚴格要求，態度比較強硬。他們總是在準確地計算著每個人應該攤帳的份額，因此玩的時候總是無法放開心情好好享受。不過，他們重視禮儀秩序，對於那些隨便的人會感到厭惡，並且總想改變對方，強迫對方接受自己的想法。

有的時候，在喝酒的場合，攤帳的時候會有很大的價差，因為這時會因各自所喝的量而定。這些會以喝酒的分量決定攤帳多少的人，考慮非常周詳，連最細微的環節也會注意到，並有將其具體實行的能力。而大多情況下，女士是不喝酒的，因此這種因為各自喝酒的量而攤帳的方式會使女士比較高興。並且，女士對連這個都能算出來的細心人士會有好感。由此可以看出，能夠這樣付帳的男士，也是很有心機的。他們在避免自己多花錢的同時，還能夠

CHAPTER 5

從消費習慣看人生態度

取悅女士。

透過一個人掏錢和拿錢的方式和習慣，或者這個人攤帳的方式，都可以推斷出這個人的性格。金錢是物質的物質，從一個人對待金錢的態度，最能看出這個人的內心。

「列出清單」的理性派和「隨心所欲」的感性派

在我們購物的時候，有人會把所需的物品詳細地開一個清單，有人卻是看到什麼覺得喜歡就買什麼。透過他們在購物時的習慣，也可以推出他們的性格。

具體地說，有的人在購物時，詳細地列出要採購的清單，他們根據清單，只買真正需要的食材或者日用品。可以想像，他們的冰箱裡會整理得整整齊齊，甚至是垃圾也分類地認真仔細。這樣的人，會給人以死板僵硬的印象，他們討厭開玩笑或者惡作劇，也不具備幽默感，更不要說風趣。他們的衣服總是可以穿很久，因為他們不喜歡變化。不過，這種人做事非常認真和執著，並且具有堅忍不拔的精神，是我們可以長久交往的對象。不過，他們不懂得

CHAPTER 5

從消費習慣看人生態度

變通，如果事情的發展沒有按照他們預計的進行，就會令他們措手不及，所以他們才會那麼重視計畫。他們還害怕失誤和由此帶來的麻煩，因此才會開清單，以免忘記買一些東西或買錯東西。

有的人在購物時，雖然不會列出清單，但是他們非常精打細算，也是屬於理性派的。他們不管買什麼東西，都會認真地挑選，比對價格，哪怕便宜一塊錢，也會多走幾步路，去另一家店。這樣的人，都有很強的自制力，也有自己的目標，知道哪些是應該買的，應該在哪買的。而且，雖然看起來比較計較，但是不會占別人便宜。但他們對品味不是很重視，經常會為了便宜，買一些不是很好的東西。有時候，這會阻礙了他們的發展。

而另一種人剛好相反，他們急急忙忙地去購物，沒有什麼計畫。看到喜歡的就拿，有的時候因為購物的費用超過了身上的錢，只好再退還一部分商品。這樣的人，家裡的東西肯定是胡亂放的，冰箱裡也會雜亂無章。此種類型的人，屬於粗枝大葉的感性派。他們的性格一般都是開朗豁達，可以一邊看著商品，一邊想著別的事情，還要確認在錢不多的情況下，哪些東西可以去掉，所以頭腦比較靈活。

與這些「隨心所欲」的感性派相類似，還有一種人，也喜歡逛街，而且他們好像對什麼東西都感興趣，不過，究竟買什麼，他們卻拿不定主意。相比較於狂熱購物，他們還是更專情於凝望。什麼東西，看看就好了，不是非要買下來的。這樣的人，一般都是很熱情的，他們個性隨和，對誰都很好。在工作上，也是積極能幹型的。對於新鮮事物，他們一般都能津津樂道。不過，一般情況下，他們的心胸會有點狹窄，對於一些事看不開，有點斤斤計較。

總之，只要你細心觀察一下，就會注意到，從一個人的購物習慣和購物方式，可以體現出他的性格特點。下次你陪人逛街時，可以試一試，用他們的購物方式，驗證一下他們是不是這樣的性格類型。

老是拿大鈔付帳的人，在人際關係上有些膽怯

在生活中，我們總是免不了要消費，而在付帳的時候，我們可以透過觀察他人的付帳方式來推斷這個人的性格。

比如，有的人總是喜歡拿大鈔來付帳，即使他們購物所花費的金額不大，但是他們仍然會拿一千塊或者五佰塊的整數出來。這樣的人通常是很注重自己的形象和外表的。因為他們覺得當著別人的面，打開錢包翻找東西會不好看，會讓別人覺得自己小家子氣。不過，如果他們看上去外表並不是很雅觀，那就是說明他們是粗枝大葉的人，他們一般不會去考慮細節，所以才會隨便抽出一張大鈔，付帳了事。

還有一種情況，是他們不想在找零錢的時候讓店員等，那樣他們會感到

不好意思，感到給別人添麻煩了。這樣會讓他們的心情不好，所以他們寧願抽出一張大鈔，讓店員找，讓自己等待。如果這時他在付出大鈔的同時還說「不好意思，沒有零錢了」等話，說明他在人際關係上有些膽怯，他時刻擔心別人會對自己不滿或者對自己產生誤解。

而恰恰相反，有的人會在付帳時付剛好的錢。他們得知應付的金額後，會坦然地翻錢包，找好零錢付帳。這樣的人，是注意細節的人。他們在思考問題時，任何細節都不會疏忽，對事物的看法也是黑白分明。如果他們和別人頂嘴的話，就會一條一條地分析，是一個囉唆的人。

如果在翻錢包找零錢的時候，還會預先告知店員「請稍等」，說明他們會堅守自己的看法和風格，不會膽怯，且個性率直。當這類人太固執自己的想法而走到極端時，他們就無法正確控制自己的行為，可能會和對方引發衝突，並使對方產生不快。

有的人總是喜歡用信用卡付費。即使購物所花費的金額較小，他們也是

CHAPTER 5

從消費習慣看人生態度

習慣於刷卡。這樣的人分為兩種情況，一種是只帶卡不帶現金，是敷衍了事的虛榮者；另外一種是把好幾種卡並排放在錢包裡，這樣的人更加虛榮。因為他們覺得金錢交易的行為很俗氣，而且，也討厭那些所謂的派頭。他們很注重有邏輯的事物，做事乾淨俐落，也不喜歡那些曖昧不清的關係。有的時候，會讓人覺得他們沒有人情味。

還有的人，會先算好找零再付帳。比如，一件物品是十八元，他們會給對方二十三元，然後讓對方找給自己五元整。這樣就需要迅速計算的能力，因此這樣的人頭腦比較靈活。而且，在計算之前，要保證自己不會出錯，所以也是對自己的計算能力的自信，推展開來，這樣的人也是比較自信的人。他們之所以不願意讓對方找自己一堆零錢，就是怕自己的錢包又大又鼓，而這樣想的人一般情況下有點神經質。

因此，在付帳的時候，用零錢還是整數，用信用卡還是現金，都能看出這個人的個性如何。

收到帳單後立即付款的人很有魄力

在日常生活中，結算各種帳單已經成為我們的消費中非常重要的一環。從人們採用什麼樣的付款方式，在一定程度上，可以看出這個人的性格。

比如，有的人在收到帳單後會立即付款。他們在收到帳單後，一刻都不會拖延，哪怕手頭上有事，只要不是特別重要的，都會放下手頭上的事，先去付款。這樣的人，多是很有魄力的。他們不管是什麼事，說到做到，當機立斷，從來不會拖拖拉拉地糾纏不清。

對於感情的事，他們也拿得起放得下，喜歡就去追，追上了就會對他（她）好，沒感情了就會放手，開始新的生活。他們的個性也很獨立，什麼事都想自己完成，不管在什麼方面，都不想欠別人的，不過別人如果欠自己倒是可以。他們為人很真誠，也很坦率，對朋友很講義氣，因此人緣很好。他們做事也很追求效率，什麼都想最快最好的完成，如果有什麼事阻擋了他們完成任務，會讓他們想方設法地創造條件完成。

和立即付款的人相反，有的人在收到帳單後，能拖多久就拖多久。這樣的人大部分比較自私，總想著占點小便宜，想著怎樣才能少付出或者不付出就能得到盡可能多的回報。一般情況下，也很少關心和幫助別人，對人不冷不熱，哪怕是對熟悉的人也很少付出真心。

有的人在收到帳單後，喜歡把付款的任務交給別人，總是喜歡讓別人幫他們完成。這樣的人，常常無法堅持自己的立場和原則，他們也很難成為領導者。因為他們喜歡服從他人，依賴他人。而且，責任心也不強，遇事總會找各種理由或藉口推脫，在挫折困難面前還會膽怯和退縮。

有的人恰恰相反，在收到帳單後喜歡親自去付款。這樣的人，大多比較保守，是傳統型的人。他們對新鮮事物的接受能力比較差，缺乏冒險精神，喜歡抱著一些過時的東西，過循規蹈矩的生活。他們也缺乏安全感，容易懷疑別人，認為凡事只有自己親自參與，才會可靠。他們的自卑心理也比較重，但是又很希望獲得別人的肯定和認同，比較矛盾。

而有的人和親自付款的人不同，喜歡採用電話付費或者網上繳費。這樣的人，對新鮮事物的接受能力很快，並懂得利用它們為自己服務。但由於對一些東西的依賴性太強，也會使他們喪失一些主動權，進而容易受控於人。不過，他們胸懷坦蕩，容易信任別人，也會得到別人的信任。

總之，透過付款的細節，也可以判斷出一個人的性格。而收到帳單後立即付款的人，有魄力，值得相交。

喜歡把錢存定期的人，比較穩重

當手裡有了一些錢，我們就要考慮怎麼處置這些錢了。在對待金錢上，每個人的態度都不一樣，有的人有了錢會馬上花掉，而有的人則會把錢存在銀行裡。就算存在銀行裡，有的人喜歡把錢存為活期，而有的人喜歡把錢存為定期。

喜歡把錢存定期的人，一般都是比較穩重的人，有的時候，他們甚至有點保守。他們不喜歡多變的生活，希望生活模式比較固定，生活習慣比較穩定。因此，他們平時的生活也基本上比較固定，比較有規律的。他們喜歡這樣有規律的生活，每天需要做什麼需要怎麼做，他們都可以駕輕就熟地去做，他們不希望自己的生活總是處於變化中，他們會覺得變化多過起來很累。他們並不認為生活經常變化會有新鮮感或是浪漫氣息，相反，他們會覺得這樣的生活是在煎熬。而且，喜歡存定期的人，對自己的生活和經濟情況都規劃好了，一切都在他的掌握中了，他才敢於把錢存為定期。所以，喜歡把錢存定期的人，一般都是比較穩重的人，他已經事先對自己的收入和支出情況進行了預算，之後才將錢存為定期。

試想，如果他沒有經過經濟預算，而是草率地存了定期的話，萬一有天急用錢，那就沒有辦法了。他們的穩重，使他們不會讓這種情況出現，這也是他不喜歡經常變化的緣故，存為定期後，基本上就不用管也不用操心，耐心地等待就行了，因為不到期限是取不出來的。

或許他們本身不是穩重的人，或者說不是非常穩重，但是他們卻能夠透過將錢存成定期的行為，約束自己，使自己穩重而有計劃。因此，這也有可能是他所採取的一種自我約束。但這也體現了他的穩重，他會採取不同的行為來約束自己。

喜歡把錢存為定期的人，我們基本可以斷定他是一個比較穩重、不喜歡變化的人。而有些人恰恰相反，喜歡把錢存為活期，這樣的人心理活躍，容易衝動。比如，去商場買鞋，逛著逛著看到一件衣服不錯，試穿效果也不錯，本來不是來買衣服的，突然就改變了主意，先買了衣服。然而，其實自己並不缺衣服，甚至衣服多到穿不完，但因為一時衝動，就把錢花了出去。因此，這樣的人，心理上比較活躍，對生活的計劃性不強。而平時的想法，又隨意性很強。所以，他們常常會為突如其來的想法買單。

他們把錢存為活期，也是因為害怕被約束。他們知道自己的心理比較活躍，可能隨時都有狀況發生在自己的身上，因此，他們的錢必須是活的，能隨時動隨時用的。他們存錢時心中就已經作了這樣的打算，所以不敢存為定期，因為他們不知道自己下一次花錢會在什麼時候，說不定就在下一分鐘。

喜歡存活期的人，儘管想法有時候過於活躍，容易衝動，但另一方面他們也是在生活中比較有激情的人，跟這樣的人在一起，不會覺得生活的沉悶無味，不會覺得生活單調，他們總有辦法讓生活波瀾壯闊起來，他們就像一個生活營養師一樣，手裡握著各種各樣的生活調味品，該鹹的時候就放點鹽，該甜的時候就放點糖，令生活變得多滋多味。其實，衝動與激情往往就在一線之間。只要他們做的事不是太離譜，也是一個可愛的人。

喜歡把錢存為定期的人，性格一般比較穩重，不喜歡多變，而喜歡把錢存活期的人，性格則多為比較喜變、比較衝動的人。

喜歡買保值物品的人，比較有遠見

當我們手裡有了一部分錢後，有的人會存在銀行，而有的人則會花掉。而花掉也有很多種方式，有些人喜歡買些不實用的東西，買些中看不中用的東西，擺在家裡圖幾天的新鮮，過兩天就扔在了一邊。

而有些人則很會享受生活，他們常購買一些能夠保值的物件，這些物件即使過了幾年甚至幾十年以後還不會貶值，在賞玩的同時又有了收藏的價值。因此，黃金的價格一升再升，說明大家多保值物品還是非常青睞的。

喜歡買保值物品的人，一般都比較有遠見。他們不會因為一時興趣，去買什麼東西，而是通常有一個較長遠的打算。

就好比下象棋一樣，他們不會像那些新手一樣，走一步看一步，他們通常會走一步看好幾步，有高瞻遠矚的氣質。他們知道，什麼是該做的，什麼是不該做的。

這樣的人很會享受生活，他們對生活品質要求得很高，每一天的生活都不是隨意地度過。而且，他們喜歡買保值的物件，也說明他們對生活對社會都做了很多的研究。他們首先研究了自己的生活，知道什麼是自己需要的。而且，這個東西不但能滿足他們精神或物質上的需要，還要有一定的收藏價值，或者說能夠保值。

他們買這個東西，雖然暫時花錢了，但是以後還會賺回來，而不會像時尚的電子產品一樣，很快就掉價貶值。因此，他們在進行了大量的研究和思考之後，才決定自己要買什麼。

你不要以為研究浪費了他們的時間，浪費了他們的精力，他們會感到煩躁，實際上恰恰相反，他們甚至將這種研究也當做了對生活的一種享受，他們願意鑽到其中去研究去揣摩，願意為之浪費時間與精力，甚至樂此不疲。

CHAPTER 5

從消費習慣看人生態度

而且，喜歡購買保值物品的人，一般都是些精明強幹的人。首先，能夠有能力買保值物品的人，都有一定的經濟實力，因為保值物品通常都是不便宜的。而經濟實力，也可以在一定程度上反映這個人的能力。

其次，他們能夠對生活精打細算，讓自己的生活變得很小資，很有味道。能夠將購物變得又滿足自己的需要，又能夠保值，是需要一些精明的。因此，這樣的人最適合做生意，生意場是他們這種性格最大的發揮空間。因為他們知道去挖掘金錢的價值發揮金錢的價值。而且，能夠透過研究社會情況來選擇購買物品，也就能夠透過研究市場情況來做生意。

喜歡買保值物品的人，不僅有遠見而且有頭腦。和他們相似，有一種人喜歡買打折的商品，這樣的人多講究實際。

喜歡購買打折商品的人，大多是講究實際，比較現實的人。他們懂得精打細算，每一分錢都要花得物超所值，所以，他們不甘心去買沒折扣商品，他們認為買那樣的東西讓商家的獲利空間太大，他們心理不平衡，所以喜歡打折的物品。他們買東西的時候，最喜歡等商場打折或是節假日促銷時去，只要七折或是八折就能購買平時原價才能買到的東西，這樣可以省不少錢，儘管這些打折或促銷的東西正在面臨過季或是淘汰，但他們並不看重這個，他們更看重價格上的優勢。因此，這些人在生活中面對問題時也會表現得十分的現實。

他們常常理智地分析問題，那些讓他們損失利益的事情他們絕對不會做，不管是為誰。他們不會感情用事，也不會任性地去處理事情，他們會從實際出發，理順利害關係再去處理。

這樣的人通常比較精明，但也很剛愎自用，遇事雖然會與他人協商，卻會堅持自己的觀點不放。他們會很滿足於，自己佔優勢而他人在無可奈何的情況下不得不放棄的感受。而有的時候，他們或許還有點唯利是圖，對於可能到手的利益，會拼盡全力地去爭取。

總之，當人們手中有錢的時候，就會涉及購買物品的情況。如果你身邊的這個人，在購物時非常喜歡買那些保值的物品，我們就可以初步判斷出，他是一個比較有遠見的人。

在生活中碰到只喜歡買打折商品的人，我們便知道這可能是一個比較精明而現實的人。

喜歡全家一起購物的人，重情重義

週末的時候，或者是節假日，我們一般都會出去購物。或者買一些生活用品，或者給自己買幾件漂亮的衣服。這時，有的人喜歡和朋友或者戀人一起購物，有的人喜歡自己去購物，還有的人喜歡全家老少一起出擊。喜歡全家一起外出購物的人，一般情況下，屬於重情重義的戀家一族。

喜歡全家一同外出購物的人，一般比較重情重義，而且性格比較憨厚。家庭在他們心目中的地位是無可替代的，他們對家庭有著強烈的責任感和深深的依戀，他們似乎一刻也不能離開家庭的懷抱。

家庭很可能是他們一切行為最基本的出發點，家庭直接影響著他們行為處世的習慣。而且，他們的家庭通常是非常和睦的，因為他們無時無刻不在

CHAPTER 5

從消費習慣看人生態度

想著自己的家，想著怎樣給家更好的，所以不可能不和睦。而且，他們不但對家庭對親人有著深深的感情，對待自己的朋友也是一樣，他們如果跟誰做朋友，一定是真誠相待的。

他們對朋友的事，也會儘量幫忙，有時候甚至為朋友不惜赴湯蹈火，即使損害自己利益也在所不辭。因此，他們也會擁有許多朋友。因為重情重義，使他們有了和睦幸福的家庭，和一幫以心相交的朋友。

喜歡全家一起外出購物的人，也比較戀家。戀家的人不僅表現在願意經常與家人在一起，還表現在無論什麼時候都不願意在外面多待，沒有事情的時候只想快點回家。他們每去一個新的地方都會給家人帶來這個地方的特產，腦子裡想的都是家人。會考慮到每一個家庭成員的喜好，然後替他們帶回喜歡的物品。在家庭成員過生日或者別的節日時，更是每每會給他們帶來驚喜。不過，如果家庭成員中有人出現病患或是意外事故，那對他將是相當大的打擊。他們會沉浸在悲痛中，很長一段時間無法自拔。

另外，喜歡全家人一同出外購物的人，也多有較傳統和保守的價值觀。在別人看來他們整天圍著家庭轉，生活似乎太乏味了，但他們自己卻很滿足於目前的這一種生活。他們喜歡和家人在一起，無論做什麼，都儘量不與家人分開。他們覺得和家人在一起，才是最幸福的。而且，也較有安全感，無論在外面受到什麼打擊，只要回到家，他們就會感到很舒服，心就安定下來了。

這樣的人，生活態度也是非常實際的，他們選購的物品多既經濟又實惠。而且，他們喜歡全家一起出動購物，也是讓每個人都能買到自己最想要的東西，而代家人買東西，有可能買到的東西家人不喜歡。

當我們看到一個人，尤其是男人，領著一家子外出購物時，我們就可以初步判斷出，他是一個重情重義，而且非常戀家的人。

常做財務計畫的人，大多有遠見

有人在花錢時不會計畫，看到喜歡的物品就買。而有的人卻喜歡做財務計畫，這樣的人，通常會表現出較強的理性意識，看問題也比別人站得高看得遠，因此比較有遠見。

常做財務計畫的人，大多比較有遠見。他們看問題的角度和常人有所不同，更多的時候是從大處著眼，喜歡站在高處審視問題。正因為如此，他們的眼光才比旁人放得長遠，眼界也更加開闊，進而保證了整個計畫的正確制訂。

關於財務計畫的制訂和實施的一系列過程，也可以看出他們的性格。喜歡做財務計畫的人，在做計畫之前，首先會分析客觀形勢，根據具體問題具體分析的原則，把各個環節和與財務問題相關的方方面面全部統籌兼顧到。他們依據實際情況，從實際出發，分清問題的先後主次，然後理性地分析財務上的大小問題，包括每個細節都不放過。

他們在每個問題解決之前絕不蠻幹，不會一頭熱而喪失理智。等到財務計畫做好，一旦投入全盤計畫時，他們更會處處小心、步步為營，對以後的每一步棋無不深思熟慮。

他們往往從全盤計畫出發，考慮每個小計畫的實施，因為小計畫的實施往往影響整個計畫。他們在計畫實施過程中不投入絲毫個人感情，思考分析問題時更是公私分明，甚至有時表現得都有些不近情理。

因此，常做財務計畫的人，在財務問題上有一本明細帳，或者記在專門的財務計畫本上，或者記在各自的心中，並時時根據實際情況修改訂正，確保計畫實施的有效性。喜歡做財務計畫的人，大都認真仔細，很少有馬虎的時候，對待計畫更是一絲不苟，沒有絲毫的含混糊弄，他們清醒的認識到財

CHAPTER 5

從消費習慣看人生態度

務計畫中的每一分錢都必須花得有憑有據，這樣才能確保全盤計畫的萬無一失。

總之，一個喜歡做財務計畫的人都是理性思維發達的人，很少感情用事，而且很多都是有遠見的令人羨慕的成功人士。

和常做財務計畫的人相反，有些人花錢比較隨意，這樣的人多進取心不強。花錢十分隨意的人，對花錢這件事本身缺少計畫，完全根據自己的興趣愛好，喜歡什麼就買什麼，不去考慮以後的日子或是意外情況的發生，過一天算一天。他們對什麼都無所謂，覺著什麼都可有可無，不去計較得失成敗，在他們看來無論什麼都沒有本質區別。而且，花錢十分隨意的人，把人世間一切看得很淡，愛情、親情、友情在他那兒也不是多麼了不起的大事。

他們表面上很風光，顯得率性瀟灑，可是內心是十分空虛的，內心沒有可供堅守的東西，更缺少理想的指引。他們從不去與別人爭什麼，沒有競爭意識。不管世界變化發展有多快，始終以自己的步伐前進，不去想如何加把勁跟上時代的步伐，沒有危機意識，一直覺得自己生活得還可以，自我感覺良好。經常嘲笑別人為了名利爭得頭破血流，不如自己活得瀟灑。

常做財務計畫的人，理性而有遠見。而且隨意花錢的人，只是表面風光，內心十分空虛。

花錢時猶豫不決的人，多優柔寡斷

有的人不管買什麼，看中就買，十分果斷。而有的人正好相反，不管買什麼，只要到了掏錢的時候，就開始猶豫，不管買什麼都要貨比三家。這樣的人不是一個爽快人，性格多優柔寡斷。

生活中，有許多這樣的人。他們在買東西時，看中了某件商品，卻不輕易拿下，他們總是願意相信後面還有更好的或是更便宜的在等著他們，本來很簡單的一件事卻偏被他們搞得複雜無比，還自以為是，這都是他們的優柔寡斷的性格所致。

他們從來不相信一分價錢一分貨，總想盡辦法用最少的錢，買最多最好的東西，於是不顧因走路太多而痠疼的兩腿，非得跑到別處看看一模一樣的商品問問價錢。如果買到又便宜又好的，他們就會很開心。如果價錢品質跟剛才看過的絲毫不差，他們也不覺得多此一舉，彷彿自己比別人聰明似的心滿意足地買回家去，他們自始至終覺著還是自己有遠見，要不然就被騙了。從買東西，到決定自己前途命運的大事上，他們的優柔寡斷的性格都無所不在。因此，當你遇到花錢時猶猶豫豫的人，你要注意了。這樣的人大部分優柔寡斷，還有點想貪小便宜的心理。不過，如果你想和他交朋友，也用不著主動，等到和他相處久了，他自然會發現你的優點，到時你再向他拋去友誼的橄欖枝就不會因他優柔寡斷的性格而不自在。

和花錢時猶豫不決的人相似，有些人同樣是在買東西時不會特別乾脆。不過，他們不是因為優柔寡斷，而是因為比較節省。尤其是那些有錢而節省的人，他們節省，是因為對家庭有很重的責任感。

一個有錢而節省的人，首先是一位成功人士，作為事業上的佼佼者，對事業的認真負責必定是每個成功人士的祕訣之一。而一個事業有成的成功人士變得越來越有錢時，他還繼續保持著節約的習慣。

很顯然，他是在一如既往地時時刻刻為自己的家庭負責，為其所鍾愛的家人挑起重擔。他即便有錢也不亂花，他考慮到自己的父母年事已高，該如何他們有個幸福安康的晚年，給他們買什麼樣的保險。

作為別人的丈夫或妻子，他們一定對另一半負責到底，使和自己過了半輩子的人也可以開開心心。還有他們的孩子，首先得為其存一筆教育費用，如果可能的話，還要發展孩子的興趣愛好。用錢的地方很多，他們或許有錢，但是強烈的責任感使他們比較節儉。而家庭也是一個有錢而節儉的人時時激勵鞭策自己前行的動力。

不管是為事業還是為了家庭，有錢而節儉的人，都是一個努力把自己的角色把握好，時時意識到身上背負的責任的人。

而有的人，卻是經常搶著埋單，不管是不是自己能夠承擔得起，這樣的人都是性格豪爽的。在生活中，我們經常會看到在各種場合，兩個人你爭我搶著要付帳的場面。兩個人互不相讓，從他們身上我們就會發覺一種不拘小節的豪爽性格。這種經常搶著付帳的人，在朋友們中間肯定有著很好的口碑，是眾人爭相結交的對象。而且，性格豪爽，講義氣，做事從不拖拖拉拉，更不可能跟朋友們玩假的。

經常搶著付帳的人，絕不貪圖蠅頭小利，絕不是那種對自己有好處的事情才做，沒好處就走得遠遠的唯利是圖者。他們是重情重義不拘小節的仗義之人，為朋友上刀山下火海在所不惜。只要是力所能及的事，他們竭盡全力想方設法一定辦到，就像每次結帳的時候，自己只要有能力支付，一定替朋友省下一筆，更別提替朋友們排憂解難了。他們有著自己的為人處世原則：把朋友們的利益放在第一位，寧願自己吃虧也不損人利己。

社會大學 33

習慣會出賣你：從司空見慣的動作裡透視人心

編　　著　陳米恩
出 版 者　大拓文化事業有限公司
執行編輯　林秀如
封面設計　林鈺恆
內文排版　姚恩涵

總 經 銷　永續圖書有限公司
劃撥帳號　18669219
地　　址　22103 新北市汐止區大同路三段一九十四號九樓之一
TEL　(〇二)八六四七—三六六三
FAX　(〇二)八六四七—三六六〇
網　址　www.foreverbooks.com.tw
E-mail　yungjiuh@ms45.hinet.net

法律顧問　方圓法律事務所　涂成樞律師

出 版 日◇ 二〇二〇年四月

國家圖書館出版品預行編目資料

習慣會出賣你：從司空見慣的動作裡透視人心／
陳米恩編著. -- 一版. -- 新北市：大拓文化, 民109.04
面；　公分. -- (社會大學；33)
ISBN 978-986-411-116-9(平裝)
1.行為心理學 2.肢體語言

176.8　　　　109001550

大大的享受拓展視野的好選擇

永續圖書線上購物網
www.foreverbooks.com.tw

謝謝您購買 **習慣會出賣你：從司空見慣的動作裡透視人心** 這本書！

即日起，詳細填寫本卡各欄，對折免貼郵票寄回，我們每月將抽出一百名回函讀者寄出精美禮物，並享有生日當月購書優惠！

想知道更多更即時的消息，歡迎加入"永續圖書粉絲團"

您也可以利用以下傳真或是掃描圖檔寄回本公司信箱，謝謝。

傳真電話：（02）8647-3660　信箱：yungjiuh@ms45.hinet.net

☺ 姓名：＿＿＿＿＿＿＿＿ □男 □女 □單身 □已婚

☺ 生日：＿＿＿＿＿＿＿＿ □非會員 □已是會員

☺ E-Mail：＿＿＿＿＿＿＿＿ 電話：（　）＿＿＿＿＿＿

☺ 地址：＿＿＿＿＿＿＿＿＿＿＿＿＿＿＿＿

☺ 學歷：□高中及以下 □專科或大學 □研究所以上 □其他＿＿＿＿

☺ 職業：□學生 □資訊 □製造 □行銷 □服務 □金融

□傳播 □公教 □軍警 □自由 □家管 □其他＿＿＿＿

☺ 您購買此書的原因：□書名 □作者 □內容 □封面 □其他＿＿＿＿

☺ 您購買此書地點：＿＿＿＿＿＿＿＿ 金額：＿＿＿＿

☺ 建議改進：□內容 □封面 □版面設計 □其他＿＿＿＿

您的建議：＿＿＿＿＿＿＿＿＿＿＿＿＿＿＿＿

廣 告 回 信
基隆郵局登記證
基隆廣字第 57 號

新北市汐止區大同路三段一九四號九樓之一

大拓文化事業有限公司收

請沿此虛線對折免貼郵票，以膠帶黏貼後寄回，謝謝！

想知道大拓文化的文字有何種魔力嗎？

- 請至鄰近各大書店洽詢選購。

- 永續圖書網，24小時訂購服務
www. foreverbooks. com. tw
免費加入會員，享有優惠折扣

- 郵政劃撥訂購：
服務專線：(02)8647-3663
郵政劃撥帳號：18669219